Claudia Haertlmayr | Sabine Schubart

Rechtschreiben selbstständig üben

# Ich werde Rechtschreib-Profi!

Klasse 3

## Lehrerband

Fördermaterialien, Lernzielkontrollen, Lösungen

Verlag an der Ruhr

# Impressum

**Titel**
*Rechtschreiben selbstständig üben*
Ich werde Rechtschreib-Profi! – Klasse 3
Lehrerband – Fördermaterialien, Lernzielkontrollen, Lösungen

**Autorinnen**
Claudia Haertlmayr, Sabine Schubart

**Titelbildmotiv**
Norbert Höveler

**Illustrationen**
Norbert Höveler u. a.

**Verlag an der Ruhr**
Mülheim an der Ruhr
www.verlagruhr.de

**Geeignet für die Klasse 3**


**ISBN 978-3-8346-2802-2**

**Printed in Germany**

# Inhaltsverzeichnis

# Vorwort

## Liebe Kolleginnen, liebe Kollegen!

Sie haben sich entschieden, mit dem **Arbeitsheft „Ich werde Rechtschreib-Profi! – Klasse 3“** und dem dazugehörigen **Lehrerband** zu arbeiten. Dadurch werden Sie allen Anforderungen an einen **zeitgemäßen Rechtschreibunterricht** gerecht.

**Das Arbeitsheft:**

- Die Kinder **arbeiten individuell** und können die Aufgaben ihrem Arbeitstempo und ihrem Leistungsstand anpassen.
- Sie lernen, sich **selbst zu kontrollieren** und zu verbessern.
- Sie erarbeiten einen **Grundwortschatz**, wie er in den Lehrplänen einiger Bundesländer verlangt wird. Der Wichtige-Wörter-Wortschatz in diesen Bänden berücksichtigt die Lernwörterliste des bayerischen Lehrplans.
- Sie finden alle **wichtigen Wörter** in Texte eingebettet, um ein isoliertes Wörterüben zu vermeiden.
- Jede Übungseinheit behandelt **einen Rechtschreibfall** und bietet den Kindern im Sinne des **forschend-entdeckenden** Lernens die Möglichkeit, Rechtschreibstrategien zu erkennen und anzuwenden.
- Mithilfe **diagnostischer Lernzielkontrollen** („**Test**“) können die Kinder ihren Wissensstand selbst überprüfen und an individuellen Schwierigkeiten arbeiten.

**Der Lehrerband:**

- Die **„Jetzt geht's los!“-Vorlage** bietet Ihnen die Möglichkeit zum täglichen 5-Minuten-**Kopfrechtschreib-Training**.
- Im **Diagnosebogen** können Sie effizient Leistungsstände festhalten und Fördermaterial passgenau zuordnen.
- Das **Fördermaterial** zu jedem Kapitel unterstützt die Kinder zielgenau.
- Die Vorschläge für **Lernzielkontrollen** („**Was kannst du?**“) orientieren sich genau an den diagnostischen Lernzielkontrollen und machen es den Kindern möglich, sich bei gezielter Übung in kleinen Schritten zu verbessern.

## Welche Materialien benötigen die Kinder?

- das **Arbeitsheft „Ich werde Rechtschreib-Profi! – Klasse 3“**
- ein zusätzliches **Schreibheft**
- eine laminierte **„Jetzt geht's los!“-Vorlage**
- einen wasserlöslichen **Folienstift**

## Die „Jetzt geht's los“-Vorlage

Sie haben mit dieser Vorlage die Möglichkeit, wichtige **Strukturen des richtigen Schreibens** bei Ihren Schülern* **nachhaltig zu verankern**. Idealerweise laminieren Sie die Vorder- und Rückseite der „Jetzt geht's los!“-Kopiervorlage für jedes Kind. Die Vorlage kann dadurch immer wieder verwendet werden. Sie können jeweils einzelne Übungen durchführen. Die Kinder brauchen **nicht alle Übungsformen an einem Tag** zu bearbeiten. Scheuen Sie nicht davor zurück, auch andere Aufwärmphasen zu gestalten. Vergessen Sie nicht, die Ergebnisse zu besprechen. Verwenden Sie dafür eine Zeit von 5–10 Minuten und entlassen Sie die Kinder dann in die selbstständige Arbeit.

## Zu den einzelnen Übungen

1. **Satz des Tages in der Holistri-Schreibweise (Ho**he und **li**egende **Stri**che = **Holistri)**
   Wählen Sie oder die Kinder einen Satz des Tages, z. B. zu aktuellen Klassenereignissen. Er wird auf folgende Weise notiert:
   - Für jedes groß geschriebene Wort machen Sie einen senkrechten Strich, einen „hohen“ Strich ( | ).
   - Für jedes klein geschriebene Wort machen Sie einen waagerechten Strich, einen „liegenden“ Strich (–).
   - Satzzeichen werden übernommen.

* Aus Gründen der besseren Lesbarkeit haben wir in diesem Buch durchgehend die männliche Form verwendet. Natürlich sind damit auch immer Frauen und Mädchen gemeint, also Lehrerinnen, Schülerinnen etc.

Dies richtet die Aufmerksamkeit der Kinder auf den fehleranfälligsten Rechtschreibbereich. Es geht nur um die Groß- und Kleinschreibung, alles andere wird ausgeblendet.

2. **Hokus Pokus Silbikus**
   Hier werden die Wörter in ihre Silben zerlegt und nach dem vokalischen Silbenkern eingeordnet. Beispiel: Das Wort „Regenschirm" unterteilen die Kinder in drei Silben. Im Silbenschrank tragen sie „Re" in der ersten Spalte hinter dem e ein, „gen" dahinter in die zweite Spalte und „schirm" in die erste Spalte hinter dem i.

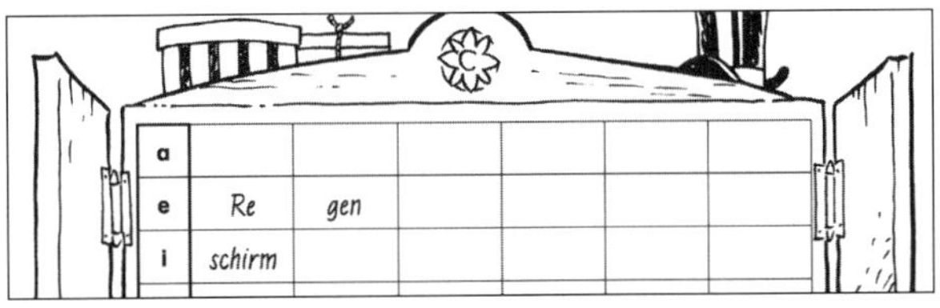


Mit der Fähigkeit, Wörter in Silben zu zerlegen, lassen sich viele Rechtschreibschwierigkeiten bewältigen. Sie können aktuelle, bereits behandelte oder ganz unbekannte Wörter verwenden. Diese Wörter können Sie diktieren oder in schriftlicher Form vorgeben, evtl. kann diese Aufgabe auch ein Kind übernehmen.

**Weitere Aufgaben:**

- Finde besonders lange Wörter.
- Finde zweisilbige Wörter mit ganz bestimmten Vokalen, z. B. u + e.
- Mache aus den Einzelsilben wieder Wörter. Wie viele findest du?

3. **Im Wörterhaus ist jedes Wort zu Hause**
   Hier geht es darum, Rechtschreibbesonderheiten bewusst wahrzunehmen und einzuordnen – und zwar nicht nur solche, die gerade Thema sind. Das beugt Übergeneralisierungen vor. Diktieren Sie den Kindern Wörter, die diese entsprechend der Rechtschreibphänomene zuordnen.

## So arbeiten die Kinder mit dem Arbeitsheft

Wenn Sie für **jedes Kapitel im Arbeitsheft eine Woche Zeit** einplanen, haben Sie am Ende des Schuljahres den gesamten **Grundwortschatz** (Wichtige-Wörter-Liste am Ende des Heftes) und alle erforderlichen Rechtschreibstrategien forschend-entdeckend und systematisch geübt. Hierzu empfiehlt es sich, **2–3 Unterrichtseinheiten wöchentlich** anzusetzen, z. B. in Freiarbeit, Wochenplan oder gemeinsamer Arbeitszeit, und die Kinder auch zu Hause mit dem Arbeitsheft arbeiten zu lassen. Im Idealfall teilen sich die Kinder ihre häusliche und schulische Arbeitszeit selbst ein.
Da sich das **Arbeitsheft „Ich werde Rechtschreib-Profi! – Klasse 3"** in mehrere Kapitel gliedert, können Sie auch Wochen für die Vertiefung und Wiederholung von Inhalten einplanen. In der Regel bearbeitet jedes Kind alle Aufgaben im Arbeitsheft. Dazu sollen **je nach Leistungsstand Aufgaben aus den zusätzlichen Übungen** im Arbeitsheft (S. 92–95) ergänzend bearbeitet werden. Die Aufgaben zu den Wörtern (**W**) und Lernwörtertexten (**T**) teilen Sie zu oder überlassen die Verantwortung für die richtige Auswahl den Schülern. Je nach Übung und Klasse können Sie die Aufgaben auch in Partner- und Gruppenarbeit lösen lassen.

Jede Übung wird in einer **Tabelle** eingetragen und gibt dem Kind und Ihnen eine gute Übersicht über die bereits erledigten bzw. noch zu bearbeitenden Aufgaben. Schwächeren Schülern können Sie nur einen Teil der Aufgaben zuteilen und entsprechende Förder-/Zusatzmaterialien (**Z**) aus diesem Band für sie auswählen.

| **Aufgabe:** | ⚠ | 1 | 2 | 3 | 4 | 5 | 6 | 7 | 8 | 9 |
|---|---|---|---|---|---|---|---|---|---|---|
| erledigt: | ✓ | ✓ | | | | | | | | |
| überarbeitet: | ✓ | | | | | | | | | |

Nach und nach sollten Sie mit den Kindern auch anbahnen, den eigenen Lernstand einzuschätzen und zu reflektieren. Überlegen Sie gemeinsam in einem **Lerngespräch**, welche Zusatzmaterialien für das jeweilige Kind geeignet sind, und geben Sie ihm eine Rückmeldung über seinen Lernfortschritt. Auch ein **Lerngespräch mit einem gleichaltrigen Lernpartner** bietet Gelegenheit zur Selbsteinschätzung und Reflexion: Was haben die Kinder neu gelernt? Was erleichtert ihnen das Lernen? Woran müssen sie noch arbeiten? Was können sie noch nicht so gut? So lernen die Kinder mit der Zeit immer besser, ihre Lernentwicklung zu beobachten und Verantwortung für ihr Lernen zu übernehmen.

# Vorwort

Zu Beginn jedes Kapitels findet sich eine Aufgabe zu dem **Regelwissen**, das diesem Kapitel zu Grunde liegt. Es ist möglich, sich die Regeln selbst zu erarbeiten. Jedoch gehen wir davon aus, dass eine **Einführungsstunde im Plenum** stattfindet, in der die Rechtschreibphänomene und die entsprechenden „wichtigen Wörter" gemeinsam erarbeitet werden.

Die Kinder überprüfen ihre Aufgaben anhand der **Lösungsblätter** in diesem Band selbst. So entstehen für Sie Freiräume für Beobachtung und Förderung. Die **diagnostischen Lernzielkontrollen** auf den **„Test"-Seiten** im Arbeitsheft löst das Kind selbstständig und kann so seinen Wissensstand ohne Leistungsdruck erkennen. Es hat die Möglichkeit, an seinen Schwächen mit gezieltem Fördermaterial (**Z**) aus dem Lehrerband zu arbeiten.

## Hinweise zu den Lernzielkontrollen „Was kannst du?"

- **Nomen** (S. 22)
  Diese Lernzielkontrolle ist als Diktat angelegt. Diktieren Sie den Text. Die Kinder schreiben auf Kopien der Blankovorlage (S. 15) oder in ihr Heft.
- **Gemischte Wortarten** (S. 26/27)
  Diktieren Sie beim Wichtige-Wörter-Diktat lautgetreue Wörter Ihrer Wahl.
- **Wörter mit Doppelkonsonanten** (S. 31/32)
  Beim Wichtige-Wörter-Diktat diktieren Sie eine Auswahl der Lernwörter aus den Kapiteln „Wörter mit Doppelkonsonanten" Teil 1 und Teil 2.
- **Wörter mit ck, tz** (S. 35/36)
  Treffen Sie hier für das Wichtige-Wörter-Diktat eine Auswahl aus dem Wortschatz dieses Kapitels.
- **Wörter mit Auslautverhärtung** (S. 39)
  Je nach Lernvoraussetzung als Diktat oder Lückentext durchführbar. Beim Diktat schreiben die Kinder auf Kopien der Blankovorlage (S. 15) oder in ihr Heft.
- **Wörter mit Umlauten** (S. 42/43)
  Wichtige-Wörter-Diktat aller Lernwörter im Umlaut-Kapitel.
- **Wörter mit ie und i** (S. 46/47)
  Treffen Sie für das Wichtige-Wörter-Diktat eine Auswahl aus dem Wortschatz dieses Kapitels.
- **Wörter mit h und Doppelvokal** (S. 50/51)
  Wichtige-Wörter-Diktat der Lernwörter mit h. Die Lernwörter aus dem Doppelvokal-Kapitel schreiben die Kinder auswendig.
- **Wörter mit s-Lauten** (S. 54)
  Je nach Lernvoraussetzung als Diktat oder Lückentext durchführbar. Beim Diktat schreiben die Kinder auf Kopien der Blankovorlage (S. 15) oder in ihr Heft.

## So gelingt die Korrektur

Die **Lösungen** (ab S. 57) kopieren Sie am besten auf DIN-A4-Größe. Wenn Sie sie in der Klasse auslegen, können die Schüler ihre Aufgaben zu eigens dafür vorgesehenen Zeiten selbst kontrollieren. Möglicherweise ist es daher ausreichend, wenn Sie jede Woche nur einen Teil der Hefte einsammeln. Hierbei erkennen Sie, wie gewissenhaft die Schüler arbeiten, kontrollieren und verbessern. Diese Ergebnisse können Sie auch im Diagnosebogen berücksichtigen.

## ... und was wir noch sagen wollten ...

Unser Ziel ist es, Ihnen und Ihren Schülern mit **„Ich werde Rechtschreib-Profi! – Klasse 3"** ein Material an die Hand zu geben, das das Lernen und Lehren einfacher macht. Wir versuchen, die große Herausforderung, richtig schreiben zu lernen, in überschaubare Einheiten einzuteilen. Dies gibt Kindern die Chance, erfolgreich zu sein. Ebenso wollen wir Ihnen ein Material zur Verfügung stellen, das eine hohe Unterrichtsqualität ermöglicht und den Vorbereitungs- und Korrekturaufwand auf ein sinnvolles Maß reduziert. Wir wissen, dass Sie Ihre Kräfte an anderer Stelle einsetzen werden, was Ihnen und Ihren Schülern zugute kommt.

Wir wünschen viel Freude und Erfolg bei der Arbeit mit **„Ich werde Rechtschreib-Profi! – Klasse 3"** und grüßen Sie ganz herzlich

***Claudia Haertlmayr*** *und* ***Sabine Schubart***

# Materialvorlagen

Name:

# Jetzt geht's los! 1/2

**1. Satz des Tages in der Holistri-Schreibweise.**

| 1 | 2 | 3 | 4 | 5 | 6 | 7 | 8 | 9 | 10 | 11 | 12 | 13 | 14 |
|---|---|---|---|---|---|---|---|---|---|---|---|---|---|
| | | | | | | | | | | | | | |

**2. „Hokus Pokus Silbikus" – die Silbe in den Schrank rein muss.**

ISBN 978-3-8346-2802-2 | www.verlagruhr.de

Name:

# Jetzt geht's los! 2/2

**3. Im Wörterhaus hat jedes Wort ein Zimmer. Wo gehört es hin?**

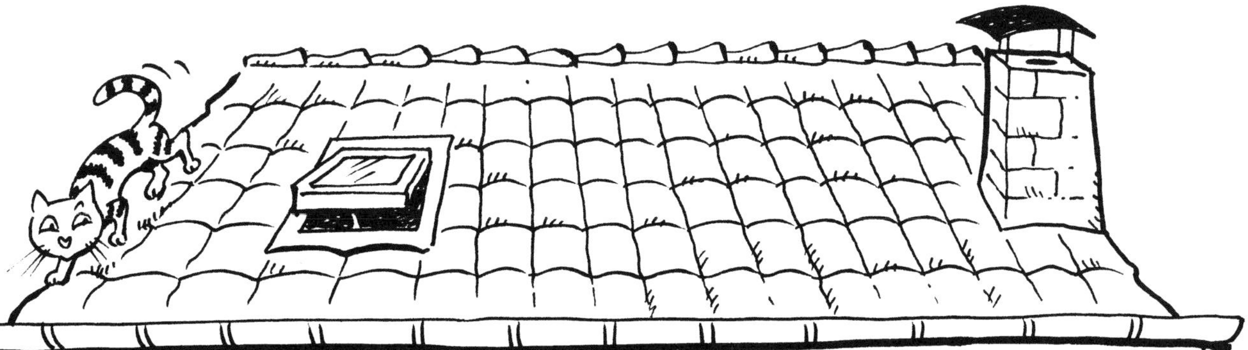

| | | |
|---|---|---|
| Ich **schreibe, wie ich spreche,** und achte nur auf Groß- und Kleinschreibung. ____ | Ich höre **schp** und schreibe **sp**. Ich höre **scht** und schreibe **st**. ____ | Ein **Doppelkonsonant** steht nur nach kurzem Vokal. ____ |
| Ein **ck/tz** steht nur nach kurzem Vokal. ____ | Ich höre **t/k/p** und schreibe **d/g/b**. Die Verlängerung hilft mir. ____ | Es steht **ä/äu**, weil mein Wort Verwandte mit **a/au** hat. ____ |
| Wenn ich ein langes **i** höre, schreibe ich meist **ie**. ____ | Manchmal steht ein **h** nach einem lang gesprochenen Vokal. ____ | Wörter mit Doppelvokal **aa**, **ee**, **oo** muss ich lernen. ____ |
| Ein **ß** steht nur nach langem Vokal, Umlaut, Zwielaut. ____ | Ich **merke** mir die schwierigen Stellen. Keine Regel hilft. ____ | Mein schwierigstes Wort heute: |


ISBN 978-3-8346-2802-2 | www.verlagruhr.de

# Diagnosebogen für alle Lernbereiche 1/2

Name: ______________________

| Kapitel | Bereich | Aufgaben in der Lernzielkontrolle | Datum | Bemerkung | Förder- und Zusatzmaterial | |
|---|---|---|---|---|---|---|
| Alphabet und Arbeitstechniken Seite 18–21 | Alphabet | 1, 2, 3, 4 | | | Z 1 | Alphabet |
| | Wörterbuch | 5, 6 | | | Z 2 | Umgang mit dem Wörterbuch |
| Wörter nach Wortarten Seite 22–30: Nomen | Nomen erkennen | Diktattext | | | Z 3 | Nomen erkennen |
| | Groß- und Kleinschreibung | Diktattext | | | Z 4 | Groß- und Kleinschreibung |
| | Genaues Hinhören | Diktattext | | | Z 5 | Genaues Hinhören |
| Wörter nach Wortarten Seite 22–30: Gemischte Wortarten | Genaues Hinhören | 1 | | | Z 6 | Genaues Hinhören |
| | Wortarten erkennen | 1, 2, 3, 4 | | | Z 3<br>Z 7 | Nomen erkennen<br>Verb und Adjektiv erkennen |
| | Fehler untersuchen | 4 | | | Z 8 | Fehler erkennen |
| Wörter mit Doppelkonsonanten Seite 31–34 | Doppelkonsonanten erkennen | 1, 2, 4, 5 | | | Z 9 | Doppelmitlaute einordnen |
| | Groß- und Kleinschreibung | 1 | | | Z 10 | Groß- und Kleinschreibung |
| Wörter mit ss, ck, tz Seite 35–38 | ck, tz erkennen | 1, 2, 3, 4, 5 | | | Z 11 | ck und tz einordnen |
| | Groß- und Kleinschreibung | 1 | | | Z 12 | Groß- und Kleinschreibung |



ISBN 978-3-8346-2802-2 | www.verlagruhr.de

# Diagnosebogen für alle Lernbereiche 2/2

Name: ______________________

| Kapitel | Bereich | Aufgaben in der Lernzielkontrolle | Datum | Bemerkung | Förder- und Zusatzmaterial | |
|---|---|---|---|---|---|---|
| **Wörter mit Auslaut-verhärtung** Seite 39–41 | d/t erkennen | Diktat-/Lückentext | | | **Z 13** | d und t erkennen |
| | Groß- und Kleinschreibung | Diktat-/Lückentext | | | **Z 14** | Groß- und Kleinschreibung |
| **Wörter mit Umlauten** Seite 42–45 | Umlaute erkennen | 1, 2, 4, 5 | | | **Z 15**<br>**Z 16** | Umlaute, die ich ableiten kann<br>Umlaute, die ich mir merken muss |
| | Ordnen nach dem Aphabet | 3 | | | **Z 1** | Aphabet |
| **Wörter mit ie und i** Seite 46–49 | ie | 1, 2, 4, 5 | | | **Z 17** | Wörter mit ie und i |
| | lang gesprochenes i | 1, 3 | | | **Z 18** | Wörter mit lang gesprochenem i |
| **Wörter mit h und Doppelvokal** Seite 50–53 | unhörbares h schreiben | 1, 3 | | | **Z 19** | h, das man nicht hört |
| | Doppelvokal | 2, 5 | | | **Z 20** | Doppelvokale |
| **Wörter mit s-Lauten** Seite 54–56 | ss erkennen | Diktat/Lückentext | | | **Z 21** | Wörter mit ss |
| | ß erkennen | Diktat/Lückentext | | | **Z 22** | Wörter mit ß |
| | Groß- und Kleinschreibung | Diktat/Lückentext | | | **Z 4** | Groß- und Kleinschreibung |


ISBN 978-3-8346-2802-2 | www.verlagruhr.de

Name:

# Mein persönlicher Fehlerwortschatz

| Aufgabe: | ⚠ | 1 | 2 | | | | | | | | | | | |
|---|---|---|---|---|---|---|---|---|---|---|---|---|---|---|
| erledigt: | | | | | | | | | | | | | | |
| überarbeitet: | | | | | | | | | | | | | | |

## Jetzt wird mit meinen Fehlern entdeckt, geforscht, geübt ...

**1. Fülle die Tabelle mit deinen persönlichen Übungswörtern.**

| **Übungswort** | **Nomen?** Schreibe groß oder klein. | **Hört man jeden Laut?** Kreuze an! | | **Stolperstellen?** Schreibe das ganze Wort und markiere. |
|---|---|---|---|---|
| | | Ja | Nein | |
| | | | | |
| | | | | |
| | | | | |
| | | | | |
| | | | | |
| | | | | |
| | | | | |
| | | | | |
| | | | | |
| | | | | |
| | | | | |
| | | | | |

**2.** 

**Übe dann mit den zusätzlichen Übungen so lange, bis du dich mit deinen Übungswörtern richtig fit fühlst.**



ISBN 978-3-8346-2802-2 | www.verlagruhr.de

# Was kannst du?

**Thema:** ____________________

Spickzettel! ⇨ Wenn du nicht weißt, wie ein Wort geschrieben wird, kannst du dir hiermit helfen: ⇨ 1. Sprich es ganz deutlich aus. ⇨ 2. Überlege: Nomen oder nicht? ⇨ 3. Sprich es in Silben. ⇨ 4. Verlängere es. ⇨ 5. Suche Verwandte. ⇨ Spickzettel! ⇨ Wenn du nicht weißt, wie ein Wort geschrieben wird, kannst du dir hiermit helfen: ⇨ 1. Sprich es ganz deutlich aus. ⇨ 2. Überlege: Nomen oder nicht? ⇨ 3. Sprich es in Silben. ⇨ 4. Verlängere es. ⇨ 5. Suche Verwandte.

Name: Nr.: Datum: Kl.:

**1. Höre genau zu, was diktiert wird.**

**2. Überprüfe am Ende sorgfältig, was du geschrieben hast.**

In ________ **Wörtern** hast du ________ **Fehler** gemacht.

Deine **Note**:

**Z** hilft dir weiter.

Meine Fehler habe ich gewissenhaft verbessert.

Unterschrift Kind: ____________________ Unterschrift Eltern: ____________________

# Offizieller Rechtschreib-Spicker

1. Höre genau hin. Oft schreibst du so, wie du sprichst.
2. Schreibe Nomen und Satzanfänge groß.
3. Sprich dir das Wort in Silben vor.
4. Denke an die Wortverwandten.
5. Verlängere das Wort.
6. Suche das Wort in der Grundform im Wörterbuch.

Offizieller Rechtschreib-Spicker

1. Höre genau hin. Oft schreibst du so, wie du sprichst.
2. Schreibe Nomen und Satzanfänge groß.
3. Sprich dir das Wort in Silben vor.
4. Denke an die Wortverwandten.
5. Verlängere das Wort.
6. Suche das Wort in der Grundform im Wörterbuch.



ISBN 978-3-8346-2802-2 | www.verlagruhr.de

# Lernzielkontrollen und Fördermaterialien

# Alphabet und Arbeitstechniken 1/2

*Spickzettel! ⇨ Wenn du nicht weißt, wie ein Wort geschrieben wird, kannst du dir hiermit helfen: ⇨ 1. Sprich es ganz deutlich aus. ⇨ 2. Überlege: Nomen oder nicht? ⇨ 3. Sprich es in Silben. ⇨ 4. Verlängere es. ⇨ 5. Suche Verwandte.*

Name: Nr.: Datum: Kl.:

**1. Schreibe hier das Alphabet rückwärts auf.**

| | | | | | | | | | | | | | | | | | | | | | | | | | |
|---|---|---|---|---|---|---|---|---|---|---|---|---|---|---|---|---|---|---|---|---|---|---|---|---|---|

Für jeden Fehler wird ½ **Punkt** abgezogen. /2

**2. Entschlüssle die Geheimsprache. Ersetze jeden Buchstaben durch den Buchstaben, der im Alphabet zwei Stellen danach kommt.**

Jcfpcpgl = ____________________

Amknsrcp = ____________________

Für jedes richtige Wort gibt es **1 Punkt**. /2

**3. Ordne jede Spalte nach dem Alphabet.**

| | | | |
|---|---|---|---|
| Hefte | | laufen | |
| Stifte | | lachen | |
| Bücher | | leben | |
| Block | | lieben | |
| Füller | | lenken | |

Für jede Spalte **2 Punkte**, jeder Fehler **1 Punkt** Abzug. /4

**4. Simone hat ihre Freunde so auf der Telefonliste stehen. Ordne nach dem Alphabet.**

| | |
|---|---|
| Heilmaier, Kerstin | |
| Maier, Johannes | |
| Wöhrle, Evi | |
| Maier, Matthias | |
| Wöhrle, Felix | |

Für jeden Fehler **1 Punkt** Abzug. /4



ISBN 978-3-8346-2802-2 | www.verlagruhr.de

# Was kannst du?

# Alphabet und Arbeitstechniken 2/2

*Spickzettel! Wenn du nicht weißt, wie ein Wort geschrieben wird, kannst du dir hiermit helfen: ⇨ 1. Sprich es ganz deutlich aus. ⇨ 2. Überlege: Nomen oder nicht? ⇨ 3. Sprich es in Silben. ⇨ 4. Verlängere es. ⇨ 5. Suche Verwandte.*

Name: ______________________________

**5. Kreuze richtige Sätze an. Streiche falsche Sätze mit dem Lineal durch.**

- ☐ Nicht jedes Wort steht im Wörterbuch.
- ☐ Im Wörterbuch sind die Wörter nach dem Alphabet geordnet.
- ☐ Verben stehen meist in der Vergangenheit.
- ☐ Nomen stehen meist in der Einzahl.
- ☐ Adjektive finde ich meist in der Grundform.
- ☐ Wenn ich nicht im Wörterbuch nachschlage, kann ich Zeit sparen und dadurch Fehler vermeiden.
- ☐ Im Wörterbuch finde ich das Wort **suchen** vor dem Wort **Stufe**.
- ☐ Es ist schlau, ein Wörterbuch zu benutzen.

Für jede richtige Entscheidung gibt es ½ **Punkt**. /4

**6. Welche Wörter findest du so nicht in deinem Wörterbuch? Markiere sie farbig und begründe deine Meinung. Ergänze die anderen Wörter mit der entsprechenden Seitenzahl.**

| | |
|---|---|
| Birnensaft | |
| stärker | |
| springen | |
| er sang | |
| rot | |
| Mäuse | |

Für jede richtige Entscheidung mit Begründung oder Seitenzahl gibt es **1 Punkt**. /6

Von **22 Punkten** hast du ________ erreicht.

**Z** hilft dir weiter.

Meine Fehler habe ich gewissenhaft verbessert.

Deine **Note**:

Unterschrift Kind: ______________________ Unterschrift Eltern: ______________________


ISBN 978-3-8346-2802-2 | www.verlagruhr.de

Name:

# Z1 ⇨ Alphabet

**1. Schreibe das Alphabet in die Tabelle.**
**Verbinde mit dem Lineal die Buchstaben mit den Vornamen.**

Anna Claudia Julia Otto Sibel Xaver

| | | | | | | | | | | | | | | | | | | | | | | | | | |
|---|---|---|---|---|---|---|---|---|---|---|---|---|---|---|---|---|---|---|---|---|---|---|---|---|---|
| A | | | | | | | | | | | | | | | | | | | | | | | | | |

Franz Lena Robert Max Tim Zeno

**2. Trage die Namen nach dem Alphabet geordnet in die Tabelle ein.**

| | | |
|---|---|---|
| 1. | 2. | 3. |
| 4. | 5. | 6. |
| 7. | 8. | 9. |
| 10. | 11. | 12. |

**3. Hier siehst du immer zwei Wörter. Welches der beiden Wörter kommt zuerst, wenn du nach dem Alphabet ordnest? Kreuze an.**
**Markiere in jedem Wort die gleichen Buchstaben grün.**
**Markiere den Buchstaben rot, der dir die Reihenfolge angibt.**

| | |
|---|---|
| ☐ Sabine | ☐ Sabrina |
| ☐ Holzbein | ☐ Holztisch |
| ☐ Schulbus | ☐ Schulbuch |
| ☐ genau | ☐ gesund |

| | |
|---|---|
| ☐ worüber | ☐ womit |
| ☐ gießen | ☐ Gießkanne |
| ☐ Hilferuf | ☐ Hilfeschrei |
| ☐ Eisenbahn | ☐ Eieruhr |

**4. Im Alphabet stecken Vokale und Konsonanten.**
**Wenn du dir das Alphabet vorsagst, klingen Vokale von selbst, die Konsonanten klingen mit einem Vokal mit. Trage das Alphabet ein.**
**Schreibe die Vokale rot und die Konsonanten blau.**

| | | | | | | | | | | | | | | | | | | | | | | | | | |
|---|---|---|---|---|---|---|---|---|---|---|---|---|---|---|---|---|---|---|---|---|---|---|---|---|---|
| | | | | | | | | | | | | | | | | | | | | | | | | | |




ISBN 978-3-8346-2802-2 | www.verlagruhr.de

Name:

# Z2 ⇨ Umgang mit dem Wörterbuch

**1. Verändere die Wörter so, dass du sie im Wörterbuch finden könntest.**

▸ **Verben:** Bilde die Grundform.

| sie sucht | er lacht | ausgeschnitten | angelehnt |
|---|---|---|---|
| *suchen* | | | |

▸ **Nomen:** Bilde die Einzahl mit Artikel.

| die Schafe | die Hühner | die Orangen | die Briefe |
|---|---|---|---|
| *das Schaf* | | | |

▸ **Zusammengesetzte Nomen:** Finde die Einzelwörter und ihre Artikel.

| das Computerpapier | das Osterei | das Schwalbennest | der Fingernagel |
|---|---|---|---|
| *der Computer* | | | |
| *das Papier* | | | |

▸ **Adjektive:** Bilde die Grundform.

| dümmer | lustiger | am höchsten | am dicksten |
|---|---|---|---|
| *dumm* | | | |

**2. In welcher Reihenfolge stehen diese Wörter im Wörterbuch? Beschrifte jede Zeile wie im Beispiel.**

| | | | | | |
|---|---|---|---|---|---|
| *2* | braun | *3* | der Brief | *1* | brauchen |
| | langweilig | | langsam | | lang |
| | scheinen | | scheinbar | | der Sonnenschein |
| | der Buchstabe | | das Buch | | buchen |
| | bitten | | bitter | | die Bitte |


ISBN 978-3-8346-2802-2 | www.verlagruhr.de

# Nomen



Für den Lehrer

## Diktat

1. **Diktieren Sie diesen Text. Die Kinder schreiben auf die vorab kopierte Diktatvorlage (s. S. 15) oder in ihr Heft.**
2. **Danach unterstreichen die Kinder jedes Nomen blau.**
3. **Geben Sie den Hinweis, dass im Text keine Rechtschreibbesonderheiten enthalten sind, die Kinder aber besonders auf Groß- und Kleinschreibung achten sollen.**
4. **Rechtschreibschwache Kinder können den Diktattext auch als Abschreibtext erhalten.**

*Den oberen Teil vor dem Kopieren bitte abdecken oder abschneiden.*

## Im Garten

Gestern war es wunderschön. Nach der Schule machte ich erst meine Hausaufgaben. Danach ging ich zu meiner Maus und meinem Hasen in den Garten. Mein Bruder Udo las im Gras ein Buch. Er freute sich über die Bilder mit den Leoparden, Kamelen, Dromedaren, Elefanten, Schlangen, Raben und Pinguinen. Andere Kinder aus meiner Schule waren auch da. Meine Mama und Frau Gruber holten die Geige und die Flöte heraus und wir sangen dazu.

Auf dem Tisch lagen Tomaten und Brot, Fisch mit Gemüse und für uns Kinder ein feines Eis. Jeder war gut gelaunt. Morgen gehe ich auch hinaus. (98 Wörter)

ISBN 978-3-8346-2802-2 | www.verlagruhr.de

Name:

# Z3 ⇨ Nomen erkennen

**Prüfe, ob diese Wörter Nomen sind.**
**Kannst du mindestens zwei weiße Felder füllen, ist das Wort ein Nomen.**

| Wort | Ding, Lebe-wesen? | Gefühl, Ereignis? | Kann ich der/die/das davorsetzen? | Kann ich die Mehrzahl bilden? | Nomen? Ja | Nein |
|---|---|---|---|---|---|---|
| MUT | | ✗ | der Mut | | ✗ | |
| KAMEL | ✗ | | das Kamel | die Kamele | ✗ | |
| GEBEN | | | | | | |
| LAUFEN | | | | | | |
| SCHWEIN | | | | | | |
| STERN | | | | | | |
| GEBURT | | | | | | |
| ANGST | | | | | | |
| TROPFEN | | | | | | |
| HEUTE | | | | | | |
| ROT | | | | | | |
| APFEL | | | | | | |
| HART | | | | | | |
| REISE | | | | | | |
| RECHNEN | | | | | | |
| TRINKEN | | | | | | |
| UND | | | | | | |
| ABER | | | | | | |
| BESEN | | | | | | |
| TULPE | | | | | | |
| LISA | | | | | | |
| PINGUIN | | | | | | |
| FAMILIE | | | | | | |

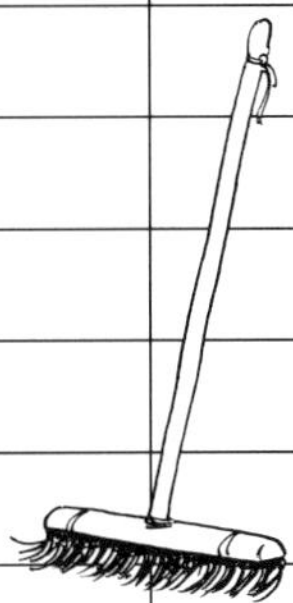

**Lösungshilfe:** Nomen sind: Schwein, Stern, Geburt, Angst, Tropfen, Apfel, Reise, Besen, Tulpe, Lisa, Pinguin, Familie


ISBN 978-3-8346-2802-2 | www.verlagruhr.de

Name:

# Z4 ⇨ Groß- und Kleinschreibung

**1. Markiere im Text alle Wörter, die du groß schreibst.
Denke daran: Nur Nomen und der Satzanfang werden groß geschrieben.
Alle anderen Wörter schreibst du klein.**

**rechtschreiben hier und anderswo**

es ist gar nicht so leicht, zu erkennen, welche wörter ich groß oder klein schreiben soll. die kinder in england oder frankreich haben es einfacher. sie schreiben nur die satzanfänge und die namen von personen oder orten groß. die kinder in china und japan haben es viel schwerer mit der rechtschreibung. in ihrer schrift ist jedes wort ein bildzeichen. die kinder müssen also für jedes wort ein neues zeichen lernen. das sind in der grundschule über 1000 zeichen! dafür ist viel übung notwendig. da bin ich wirklich froh, dass ich hier zur schule gehe. (98 Wörter)

**2. Schreibe den Text mit Überschrift in der Holistri-Schreibweise.
Für jedes Wort und jedes Satzzeichen hast du ein Kästchen.
In den grauen Kästchen stehen die Satzzeichen.**

| | | | | | | | | | | | | | | | | | | | | | |
|---|---|---|---|---|---|---|---|---|---|---|---|---|---|---|---|---|---|---|---|---|---|
| | | | | | | | | | | | | | | | | | | | | | |
| | | | | | | | | | | | | | | | | | | | | | |
| | | | | | | | | | | | | | | | | | | | | | |
| | | | | | | | | | | | | | | | | | | | | | |
| 1000 | | | | | | | | | | | | | | | | | | | | | |

3.  **Schreibe den Text richtig in dein Heft.**

4.  **Suche dir einen Lernpartner. Lasse dir auch einen anderen Text in der Holistri-Schreibweise diktieren.**

**Lösungshilfe für Aufgabe 1:** Groß schreibst du: Rechtschreiben, Es, Wörter, Die, Kinder, England, Frankreich, Sie, Satzanfänge, Namen, Personen, Orten, Die, Kinder, China, Japan, Rechtschreibung, In, Schrift, Wort, Bildzeichen, Die, Kinder, Wort, Zeichen, Das, Grundschule, Zeichen, Dafür, Übung, Da, Schule



ISBN 978-3-8346-2802-2 | www.verlagruhr.de

**Name:**

# Z 5 ⇨ Genaues Hinhören

**Lies genau, decke ab und schreibe jedes Wort in Silben. Markiere in jeder Silbe Vokal, Umlaut oder Zwielaut. Decke dann wieder ab und schreibe jeden Buchstaben einzeln in die Kästchen.**

| | | | | | | | | | |
|---|---|---|---|---|---|---|---|---|---|
| die Bilder | die Bil-der | B | i | l | d | e | r | | |
| die Flöte | | | | | | | | | |
| der Garten | | | | | | | | | |
| die Hose | | | | | | | | | |
| die Tulpe | | | | | | | | | |
| die Banane | | | | | | | | | |
| die Wolke | | | | | | | | | |
| das Fenster | | | | | | | | | |
| die Leiter | | | | | | | | | |
| das Kamel | | | | | | | | | |
| der Löwe | | | | | | | | | |
| der Zirkus | | | | | | | | | |
| die Geige | | | | | | | | | |
| die Trompete | | | | | | | | | |
| die Tafel | | | | | | | | | |
| der Fisch | | | | | | | | | |
| die Melone | | | | | | | | | |
| die Zitrone | | | | | | | | | |

**Lösungshilfe:** die Wörter in Silben: Flö–te, Gar–ten, Ho–se, Tul–pe, Ba–na–ne, Wol–ke, Fens–ter, Lei-ter, Ka–mel, Lö–we, Zir–kus, Gei–ge, Trom–pe–te, Ta–fel, Fisch, Me–lo–ne, Zi–tro–ne


ISBN 978-3-8346-2802-2 | www.verlagruhr.de

**Was kannst du?**

# Gemischte Wortarten 1/2

*Spickzettel! Wenn du nicht weißt, wie ein Wort geschrieben wird, kannst du dir hiermit helfen: 1. Sprich es ganz deutlich aus. 2. Überlege: Nomen oder nicht? 3. Sprich es in Silben. 4. Verlängere es. 5. Suche Verwandte.*

Name: Nr.: Datum: Kl.:

**1. Wichtige-Wörter-Diktat. Höre auf jeden Laut. Achte auch darauf, welche Wörter Nomen sind.**

Wichtige-Wörter-Diktat

| | | | |
|---|---|---|---|
| | | | |
| | | | |
| | | | |
| | | | |

Für jeden Fehler ½ **Punkt** Abzug. /8

**2. Schreibe den Text mit Überschrift in der Holistri-Schreibweise. Für jedes Wort und jedes Satzzeichen hast du ein Kästchen.**

**SCHULKLEIDUNG ODER NICHT?**

IN VIELEN LÄNDERN TRAGEN DIE KINDER IM UNTERRICHT EINE SCHULUNIFORM. ALLE HABEN IN DER SCHULE DIE GLEICHEN KLEIDER AN. HAKAN AUS DER TÜRKEI FINDET DAS GUT: „SO GIBT ES KEINEN NEID, WEIL EIN ANDERES KIND SCHÖNERE KLEIDUNG HAT.“ LYDIA AUS ENGLAND MAG DIE SCHULKLEIDUNG NICHT: „ICH WILL ANZIEHEN, WAS ICH MÖCHTE.“ AUCH HIER GIBT ES SCHULEN, IN DENEN DIE KINDER SCHULKLEIDUNG TRAGEN. WIE FINDEST DU DAS? (69 Wörter)

| | | | | | | | | | | | | | | | | |
|---|---|---|---|---|---|---|---|---|---|---|---|---|---|---|---|---|
| | | | | | | | | | | | | | | | | |
| | | | | | | | | | | | | | | | | |
| | | | | | | | | | | | | | | | | |
| | | | | | | | | | | | | | | | | |
| | | | | | | | | | | | | | | | | |

**2 Punkte** für jede richtige Zeile. **1 Punkt** Abzug, wenn ein Fehler in der Zeile ist. /10




ISBN 978-3-8346-2802-2 | www.verlagruhr.de

# Gemischte Wortarten 2/2

*Spickzettel! Wenn du nicht weißt, wie ein Wort geschrieben wird, kannst du dir hiermit helfen: ⇨ 1. Sprich es ganz deutlich aus. ⇨ 2. Überlege: Nomen oder nicht? ⇨ 3. Sprich es in Silben. ⇨ 4. Verlängere es. ⇨ 5. Suche Verwandte.*

Name: ______________________________

**3. Ergänze die Tabelle mit Wörtern deiner Wahl.**
**Verwende keine Wörter aus Aufgabe 1.**

| Nomen | Verben | Adjektive | Sonstige Wörter |
|---|---|---|---|
| | | | |
| | | | |
| | | | |

½ **Punkt** für jedes richtig gefüllte Feld. /6

**4. In jeden Satz hat sich ein Fehler eingeschlichen.**
**Lies genau und denke nach. Dann kannst du jeden Fehler finden, verbessern und begründen.**

- Ich bin heute so Gut gelaunt! ➔ gut,
  weil es ein Adjektiv ist.
- Im schulhaus ist heute ein Fest. ➔ ______________________,
  weil ______________________.
- Beim Sport Laufe ich. ➔ ______________________,
  weil ______________________.
- jetzt werde ich aber böse! ➔ ______________________,
  weil ______________________.

**1 Punkt** für das richtige Wort. **1 Punkt** für die richtige Begründung. /6

Von **30 Punkten** hast du ________ erreicht.

Z hilft dir weiter.

Meine Fehler habe ich gewissenhaft verbessert.

Deine **Note**:

Unterschrift Kind: ______________ Unterschrift Eltern: ______________


ISBN 978-3-8346-2802-2 | www.verlagruhr.de

Name:

# Z 6 Genaues Hinhören

**Lies genau, decke ab und schreibe jedes Wort in Silben. Markiere in jeder Silbe Vokal oder Zwielaut. Decke dann wieder ab und schreibe jeden Buchstaben einzeln in die Kästchen.**

| | | | | | | | | | | |
|---|---|---|---|---|---|---|---|---|---|---|
| die Reise | die Rei-se | R | e | i | s | e | | | | |
| empfinden | | | | | | | | | | |
| bequem | | | | | | | | | | |
| schwach | | | | | | | | | | |
| die Laune | | | | | | | | | | |
| quaken | | | | | | | | | | |
| schimpfen | | | | | | | | | | |
| klar | | | | | | | | | | |
| das Salz | | | | | | | | | | |
| zeigen | | | | | | | | | | |
| die Wurzel | | | | | | | | | | |
| zwei | | | | | | | | | | |
| impfen | | | | | | | | | | |
| die Pilze | | | | | | | | | | |
| die Pflanze | | | | | | | | | | |
| zeichnen | | | | | | | | | | |
| heizen | | | | | | | | | | |
| die Raupe | | | | | | | | | | |

**Lösungshilfe:** die Wörter in Silben: emp–fin–den, be–quem, schwach, Lau–ne, qua–ken, schimp–fen, klar, Salz, zei–gen, Wur–zel, zwei, imp–fen, Pil–ze, Pflan–ze, zeich–nen, hei–zen, Rau–pe



ISBN 978-3-8346-2802-2 | www.verlagruhr.de

Name:

# Z7 ⇨ Verb und Adjektiv erkennen

1. Lies, was die Kinder sagen. Markiere alle Aussagen zum Verb rot. Markiere alle Aussagen zum Adjektiv grün.
2. Lies die Wörter in der Tabelle. Prüfe, welche Aussagen zutreffen. Trage ein.

| Wort | Wer hat recht? | Wortart? |
|---|---|---|
| klein | Aline, Fatima, Paul | Adjektiv |
| freundlich | | |
| springen | | |
| einfach | | |
| duften | | |
| erschrecken | | |
| schrecklich | | |
| kaufen | | |
| lesen | | |
| unheimlich | | |
| freuen | | |

**Lösungshilfe:** Recht haben: **freundlich:** A, F, P; **springen:** L, J, E; **einfach:** A, F, P; **duften:** L, J, E; **erschrecken:** L, J, E; **schrecklich:** A, F, P; **kaufen:** L, J, E; **lesen:** L, J, E; **unheimlich:** A, F, P; **freuen:** L, J, E


ISBN 978-3-8346-2802-2 | www.verlagruhr.de

Name:

# Z8 ⇨ Fehler erkennen

**1. In der Tabelle findest du Sätze mit Fehlern. Erkenne und verbessere sie.**

**2. Welches Kind hat welchen Fehlersatz geschrieben? Trage ein.**

- **Ole** hat vergessen, dass am Satzanfang groß geschrieben wird.
- **Monika** denkt nicht daran, dass Nomen groß geschrieben werden.
- **Leon** schreibt häufig mehr Wörter als Nomen und Satzanfänge groß.
- **Klaus** vergisst oft die Satzzeichen am Ende eines Satzes.
- **Georg** hat Probleme mit zusammengesetzten Nomen.
- **Nicole** weiß nicht, dass auch Gefühle und Ereignisse Nomen sind.

| Fehlerhafter Satz | Geschrieben von |
|---|---|
| Mein hunger ist im krankenhaus klein. | |
| mein Hunger ist im Krankenhaus klein. | |
| Mein Hunger ist im Kranken Haus klein. | |
| Mein Hunger ist im Krankenhaus klein | |
| Mein Hunger Ist Im Krankenhaus Klein. | |
| Mein hunger ist im Krankenhaus klein. | |

**3.**  **Entwickle selbst so ein Rätsel. Schreibe in dein Heft.**

**Lösungshilfe:** von oben nach unten: M, O, G, K, L, N




ISBN 978-3-8346-2802-2 | www.verlagruhr.de

Was kannst du?

# Wörter mit Doppelkonsonanten 1/2

es in Silben. ⇨ 4. Verlängere es. ⇨ 5. Suche Verwandte. ⇨ **Spickzettel!** ⇨ Wenn du nicht weißt, wie ein Wort geschrieben wird, kannst du dir hiermit helfen: ⇨ 1. Sprich es ganz deutlich aus. ⇨ 2. Überlege: Nomen oder nicht? ⇨ 3. Sprich es in Silben. ⇨ 4. Verlängere es. ⇨ 5. Suche Verwandte.

**Spickzettel!** ⇨ Wenn du nicht weißt, wie ein Wort geschrieben wird, kannst du dir hiermit helfen: ⇨ 1. Sprich es ganz deutlich aus. ⇨ 2. Überlege: Nomen oder nicht? ⇨ 3. Sprich

Name: Nr.: Datum: Kl.:

**1. Wichtige-Wörter-Diktat. Höre genau zu. Achte auf die Doppelkonsonanten.**

Wichtige-Wörter-Diktat

| | | | |
|---|---|---|---|
| | | | |
| | | | |
| | | | |
| | | | |
| | | | |
| | | | |

Für jeden Fehler ½ **Punkt** Abzug. /8

**2. Wichtiges Wissen für Rechtschreib-Profis. Setze die richtigen Wörter ein.**

- Vor einem Doppelkonsonanten klingt der ______________________ kurz.
- Den Doppelkonsonanten nach dem kurzen Vokal kann ich hörbar machen, wenn ich das Wort in ______________________ zerlege.

**1 Punkt** für jede richtig gefüllte Lücke. /2

**3. Markiere die Konsonanten blau und die Vokale rot.**

| | | | | | | | | | | | | | | | | | | | | | | | | | |
|---|---|---|---|---|---|---|---|---|---|---|---|---|---|---|---|---|---|---|---|---|---|---|---|---|---|
| A | B | C | D | E | F | G | H | I | J | K | L | M | N | O | P | Q | R | S | T | U | V | W | X | Y | Z |

Für jeden Fehler ½ **Punkt** Abzug. /3

© Verlag an der Ruhr | Autorinnen: Claudia Haertlmayr, Sabine Schubart
ISBN 978-3-8346-2802-2 | www.verlagruhr.de

# Wörter mit Doppelkonsonanten 2/2

*Spickzettel! ⇨ Wenn du nicht weißt, wie ein Wort geschrieben wird, kannst du dir hiermit helfen: ⇨ 1. Sprich es ganz deutlich aus. ⇨ 2. Überlege: Nomen oder nicht? ⇨ 3. Sprich es in Silben. ⇨ 4. Verlängere es. ⇨ 5. Suche Verwandte.*

Name: ______________________________

**4. Schreibe jedes Wort getrennt darunter.
Ergänze dann die Lücke mit einem oder zwei Konsonanten.**

| | | | |
|---|---|---|---|
| ro__en (l/ll)<br>rol-len | schwi____en (m/mm) | der O__en (f/ff) | o__en (f/ff) |
| he__er (l/ll) | der Frei__ag (t/tt) | die Va__e (s/ss) | der Ku____er (m/mm) |
| me__en (s/ss) | die Ho__e (s/ss) | die Wie__e (s/ss) | fre__en (s/ss) |

½ **Punkt** für richtiges Einsetzen und richtiges Trennen. /6

**5. In jedem Satz findest du einen Doppelkonsonanten-Fehler.
Unterstreiche alle 10 Fehler. Schreibe die Wörter richtig darüber.**

Im Somer gehe ich mit meinen Freunden gern schwimmen. Wenn ein Gewitter kommt, müssen wir schnell das Waser verlassen. Wir renen zu unseren Sachen und packen sie zusammen. Wir wollen zu Hause sein, bevor es donert und blitzt. Aber schon fallen die ersten Tropfen vom Himel. In der Eile vergese ich oft die Hälfte. Aber der Bademeister kent mich. Er hebt ales an der Kasse für mich auf. Gott sei Dank komt das nicht so oft vor. Den wenn ich ehrlich bin, mag ich es gar nicht.

½ **Punkt** für jedes richtige Wort. /5

Von **24 Punkten** hast du ________ erreicht.

Z hilft dir weiter.

Meine Fehler habe ich gewissenhaft verbessert.

Deine **Note**:

Unterschrift Kind: ______________________ Unterschrift Eltern: ______________________




ISBN 978-3-8346-2802-2 | www.verlagruhr.de

Name:

# Z9 Doppelkonsonanten einordnen

**1. Ordne die Wörter richtig ein.**

**2. Schreibe sie getrennt darunter. Verlängere einsilbige Wörter.**

**3. Markiere den kurzen Vokal rot. Markiere den Doppelkonsonanten blau.**

Ball ◆ kommen ◆ messen ◆ Kissen ◆ Kuss ◆ Messer ◆ lassen ◆ Kummer ◆ Mitte ◆ Matte ◆ Ritter ◆ wollen ◆ Mutter ◆ Schnitt ◆ Sonne ◆ Tonne ◆ Kamm ◆ treffen ◆ Puppe ◆ retten

Hier steht ein Doppelkonsonant, weil das **a** davor kurz gesprochen wird.

| | | | |
|---|---|---|---|
| der Ball | | | |
| die Bäl-le | | | |

Hier steht ein Doppelkonsonant, weil das **e** davor kurz gesprochen wird.

| | | | |
|---|---|---|---|
| | | | |
| | | | |

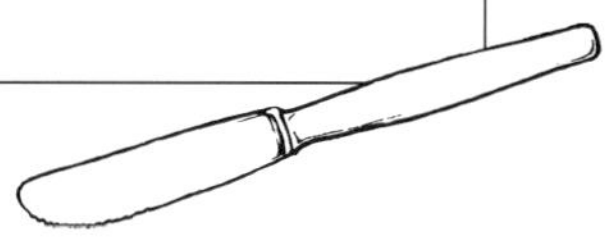

Hier steht ein Doppelkonsonant, weil das **i** davor kurz gesprochen wird.

| | | | |
|---|---|---|---|
| | | | |
| | | | |

Hier steht ein Doppelkonsonant, weil das **o** davor kurz gesprochen wird.

| | | | |
|---|---|---|---|
| | | | |
| | | | |

Hier steht ein Doppelkonsonant, weil das **u** davor kurz gesprochen wird.

| | | | |
|---|---|---|---|
| | | | |
| | | | |


ISBN 978-3-8346-2802-2 | www.verlagruhr.de

Name:

# Z 10 Groß- und Kleinschreibung

**1. Kreise die Nomen im Text blau ein.**

**2. Schreibe den Text in der Holistri-Schreibweise.
Für jedes Wort und jedes Satzzeichen hast du ein Kästchen.
In den grauen Kästchen stehen die Satzzeichen.**

BEI EINEM GEWITTER
SCHLUG ES IN EIN HAUS EIN.
DER MIETER HÖRTE MUSIK,
TRANK EINE TASSE TEE
UND WOLLTE GERADE EINEN TELLER
SUPPE ESSEN.
EINE FRAU RIEF: „ES BRENNT!
NUN MÜSSEN WIR SCHNELL RENNEN!“
DER MIETER RIEF DIE FEUERWEHR,
SCHLOSS ALLE FENSTER
UND RANNTE HINAUS.
ALS DIE MÄNNER EINTRAFEN,
SPRITZTEN SIE ALLES NASS.
DANN WAR SO VIEL WASSER IM HAUS,
DASS MAN SCHWIMMEN KONNTE.

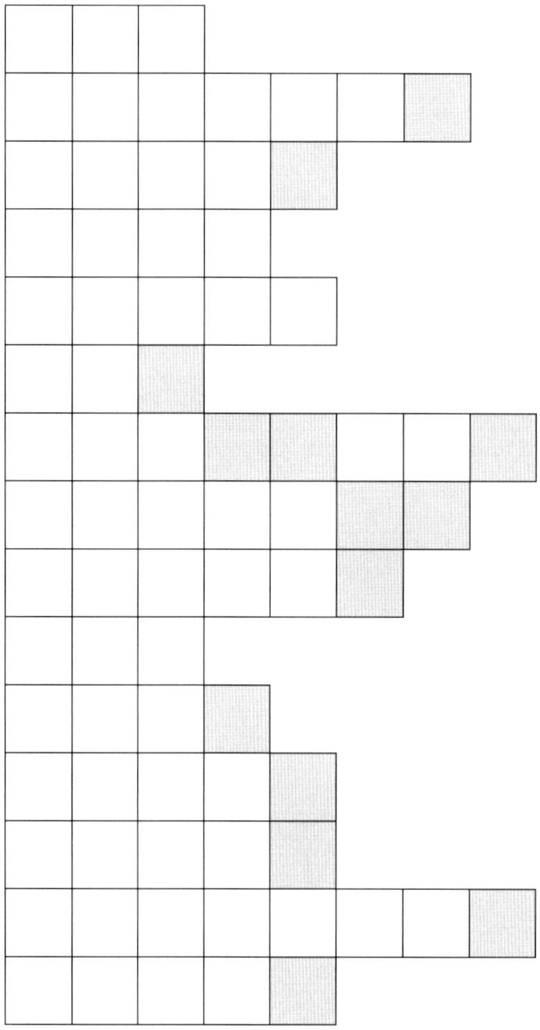

**Lösungshilfe:** Nomen sind: Gewitter, Haus, Mieter, Musik, Tasse, Tee, Teller, Suppe, Frau, Mieter, Feuerwehr, Fenster, Männer, Wasser, Haus

**3.**  **Schreibe nun den Text richtig in dein Heft.**

**4. Sicher kannst du hier die richtigen Wörter einsetzen.**

Nur ______________________ und der ______________________ werden groß geschrieben. Alles andere schreiben wir ______________________ .




ISBN 978-3-8346-2802-2 | www.verlagruhr.de

# Was kannst du?

# Wörter mit ck, tz 1/2

Spickzettel! Wenn du nicht weißt, wie ein Wort geschrieben wird, kannst du dir hiermit helfen: ⇨ 1. Sprich es ganz deutlich aus. ⇨ 2. Überlege: Nomen oder nicht? ⇨ 3. Sprich es in Silben. ⇨ 4. Verlängere es. ⇨ 5. Suche Verwandte.

Name: Nr.: Datum: Kl.:

**1. Wichtige-Wörter-Diktat. Höre genau zu. Achte auch auf ck und tz.**

Wichtige-Wörter-Diktat

| | | | |
|---|---|---|---|
| | | | |
| | | | |
| | | | |
| | | | |
| | | | |
| | | | |

Für jeden Fehler ½ **Punkt** Abzug. /8

**2. Schreibe die Wörter in das Kreuzworträtsel.**
**Achte auf z/tz und auf k/ck.**

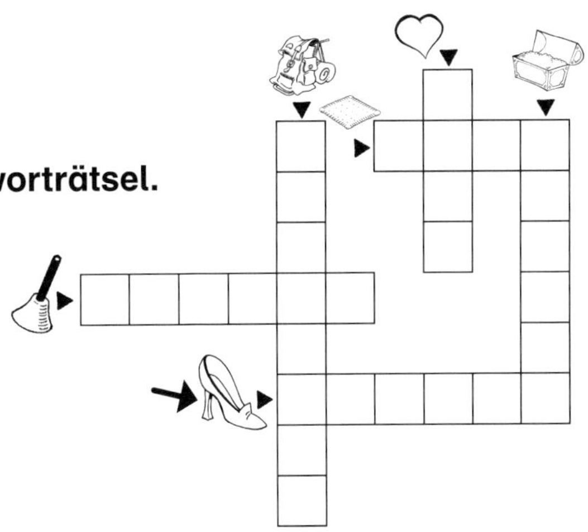

½ **Punkt** für jedes richtige Wort. /3

**3. Du weißt, wie du ck und tz trennst.**
**Schreibe die Wörter getrennt darunter.**

| der Bäcker | schmutzig | die Katze | der Zacken |
|---|---|---|---|
| | | | |

| kratzen | die Schnecke | sitzen | der Brocken |
|---|---|---|---|
| | | | |

½ **Punkt** für jedes richtige Wort. /4

# Wörter mit ck, tz 2/2

Spickzettel! Wenn du nicht weißt, wie ein Wort geschrieben wird, kannst du dir hiermit helfen: 1. Sprich es ganz deutlich aus. 2. Überlege: Nomen oder nicht? 3. Sprich es in Silben. 4. Verlängere es. 5. Suche Verwandte.

Name: ______________________________

**4. Du hast gelernt, wie du tz in einsilbigen Wörtern hörbar machen kannst. Wende den Trick an.**

| einsilbig | mehrsilbig | getrennt |
|---|---|---|
| der Witz | | |
| das Kitz | | |
| spitz | | |
| der Schmutz | | |

**1 Punkt** für jede richtig gefüllte Zeile. /4

**5. Wichtiges Wissen für Rechtschreib-Profis. Setze die richtigen Wörter ein.**

- Ein **k** wird in der Regel durch ________ verdoppelt.
  Der Vokal davor wird ________________ gesprochen.
  Bei der Trennung ______________________________________.
- Das **z** wird in der Regel durch ________ verdoppelt.
  Der Vokal davor wird ____________ gesprochen.
  Bei der Trennung ______________________________________.

½ **Punkt** für jede richtig gefüllte Lücke. /3

Von **22 Punkten** hast du ________ erreicht.

Z hilft dir weiter.

Meine Fehler habe ich gewissenhaft verbessert.

Deine **Note**:

Unterschrift Kind: ____________________ Unterschrift Eltern: ____________________




ISBN 978-3-8346-2802-2 | www.verlagruhr.de

Name:

# Z 11 ⇨ ck und tz einordnen

1. **Ordne die Wörter richtig ein.**
2. **Schreibe sie getrennt darunter. Verlängere einsilbige Wörter.**
3. **Markiere den kurzen Vokal rot. Markiere ck und tz blau.**

Tatze ◆ Rock ◆ zucken ◆ Blicke ◆ witzig ◆ Block ◆ Decke ◆
hocken ◆ Spitze ◆ Wecker ◆ Locke ◆ setzen ◆ Katze ◆ gucken ◆
Satz ◆ putzen ◆ Gesetz ◆ dick ◆ hacken ◆ Schluck

Hier steht **ck** oder **tz**, weil das **a** kurz gesprochen wird.

| | | | |
|---|---|---|---|
| die Tatze | | | |
| die Tat-ze | | | |

Hier steht **ck** oder **tz**, weil das **e** kurz gesprochen wird.

| | | | |
|---|---|---|---|
| | | | |
| | | | |

Hier steht **ck** oder **tz**, weil das **i** kurz gesprochen wird.

| | | | |
|---|---|---|---|
| | | | |
| | | | |

Hier steht **ck** oder **tz**, weil das **o** kurz gesprochen wird.

| | | | |
|---|---|---|---|
| | | | |
| | | | |

Hier steht **ck** oder **tz**, weil das **u** kurz gesprochen wird.

| | | | |
|---|---|---|---|
| | | | |
| | | | |


ISBN 978-3-8346-2802-2 | www.verlagruhr.de

Name:

# Z 12 ⇨ Groß- und Kleinschreibung

1. **Markiere alle Satzanfänge im Text gelb.**
2. **Markiere alle Nomen blau.**
3. **Schreibe den Text in der Holistri-Schreibweise.**
   **Für jedes Wort und jedes Satzzeichen hast du ein Kästchen.**
   **In den grauen Kästchen stehen die Satzzeichen.**

AUF DEM DACH FING DIE KATZE VON
METZGER MÜTZE KÜRZLICH EINEN SPATZ.
ER VERSTECKTE SICH IN EINER RITZE.
TROTZDEM ENTDECKTE IHN DIE KATZE.
SIE LEGTE GESCHICKT EIN NETZ DARÜBER,
STÜTZTE SICH MIT EINER PFOTE AB
UND HETZTE MIT DER ANDEREN TATZE
DAS ARME TIER.
ZULETZT BADETE SIE ES IN EINER PFÜTZE
UND TAUSCHTE ES BEI METZGER MÜTZE
GEGEN EINE DOSE FUTTER.
ZUM GLÜCK VERPETZTE ER SIE NICHT
BEI KARL, DEM PAPAGEI.
DER KANN ES NICHT LEIDEN,
WENN DIE KATZE VÖGEL JAGT.

4. **Schreibe alle Nomen aus diesem Text mit Artikel hier auf.**

*das Dach,*

**Lösungshilfe:** groß geschrieben werden: Auf, Dach, Katze, Metzger, Mütze, Spatz, Er, Ritze, Trotzdem, Katze, Sie, Netz, Pfote, Tatze, Tier, Zuletzt, Pfütze, Metzger, Mütze, Dose, Futter, Zum, Glück, Karl, Papagei, Der, Katze, Vögel



ISBN 978-3-8346-2802-2 | www.verlagruhr.de

# Was kannst du?

# Wörter mit Auslautverhärtung

Spickzettel! ⇨ Wenn du nicht weißt, wie ein Wort geschrieben wird, kannst du dir hiermit helfen: ⇨ 1. Sprich es ganz deutlich aus. ⇨ 2. Überlege: Nomen oder nicht? ⇨ 3. Sprich es in Silben. ⇨ 4. Verlängere es. ⇨ 5. Suche Verwandte.

Name: Nr.: Datum: Kl.:

**Fülle den Lückentext aus. Denke an die Verlängerung.**

**Vor langer Zeit**

Die ________ waren auf ihren ________ ________ gereist. ________ am späten ________ gelangten sie in das ________ ________. Die ________ verging schnell. Die ________ verbrachten die ________ in einem ________. Aus ________ bauten sie ein ________ Bett. Die ________ war ________. Die ________ waren ________ und wärmten sie nur ________. Ein ________ weckte sie am Morgen. Er leckte mit seiner Zunge über ihr ________. Die ________ hatten nun einen neuen ________ gefunden.

Den unteren Teil vor dem Kopieren bitte abdecken oder abschneiden.

Für den Lehrer

## Diktat

1. **Diktieren Sie diesen Text. Die Kinder schreiben auf die vorab kopierte Diktatvorlage (s. S. 15) oder in ihr Heft.**
2. **Einzelne Kinder können den Text als Lückentext erhalten.**

**Vor langer Zeit**

Die **Kinder** waren auf ihren **Pferden weit** gereist. **Erst** am späten **Abend** gelangten sie in das **fremde Land**. Die **Zeit** verging schnell. Die **Kinder** verbrachten die **Nacht** in einem **Wald**. Aus **Ästen** bauten sie ein **hartes** Bett. Die **Luft** war **kalt**. Die **Kleider** waren **alt** und wärmten sie nur **schlecht**. Ein **Hund** weckte sie am Morgen. Er leckte mit seiner Zunge über ihr **Gesicht**. Die **Kinder** hatten nun einen neuen **Freund** gefunden. (75 Wörter)

Name:

# Z 13 ⇨ d und t erkennen

**Betrachte das Beispiel und fülle die Tabelle in der angegebenen Reihenfolge.**

| ④ Wort | ① Verlängerung | ② verlängert höre ich | ③ ich schreibe |
|---|---|---|---|
| der Mun___ | die Münder | d | der Mund |
| der Win___ | | | |
| das Bro___ | | | |
| die Fahr___ | | | |
| das Gel___ | | | |
| der Saf___ | | | |
| das Kin___ | | | |
| wil___ | | | |
| bun___ | | | |
| die Kraf___ | | | |
| das Gewich___ | | | |
| das Gesich___ | | | |
| das Lan___ | | | |
| das Ban___ | | | |
| der Ran___ | | | |
| das Lich___ | | | |
| der Mon___ | | | |
| der Aben___ | | | |
| das Bil___ | | | |
| der Wir___ | | | |
| das Hef___ | | | |
| der Stif___ | | | |

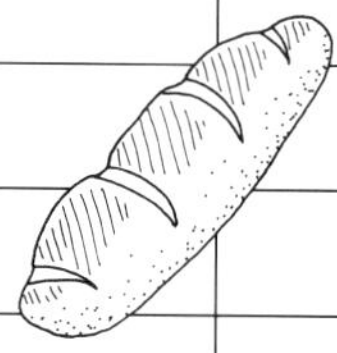

**Lösungshilfe:** Wörter mit t am Ende sind: Brot, Fahrt, Saft, bunt, Kraft, Gewicht, Gesicht, Licht, Wirt, Heft, Stift



ISBN 978-3-8346-2802-2 | www.verlagruhr.de

Name:

# Z 14 ⇨ Groß- und Kleinschreibung

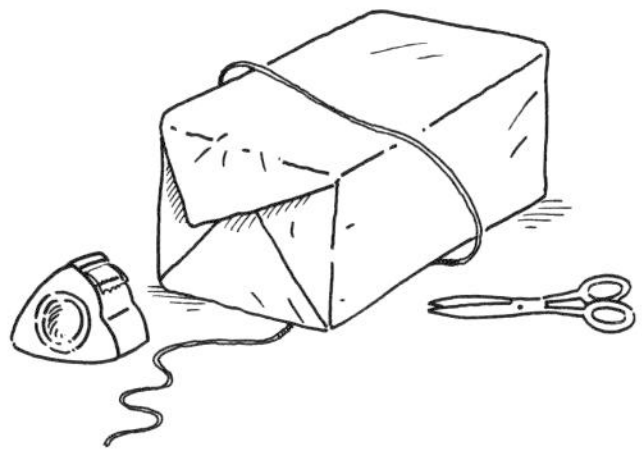

1. **Markiere alle Satzanfänge im Text gelb.**
2. **Markiere alle Nomen blau.**
3. **Schreibe den Text in der Holistri-Schreibweise.**
   **Für jedes Wort und jedes Satzzeichen hast du ein Kästchen.**
   **In den grauen Kästchen stehen die Satzzeichen.**

IM URLAUB LIEF ICH AM ERSTEN TAG
DURCH DEN WALD UND ÜBER EIN FELD
ZUM WEITEN STRAND. DORT SAH ICH
FREMDE MENSCHEN UND BELLENDE HUNDE.
WILDE PFERDE GALOPPIERTEN IM SAND.
PLÖTZLICH SAH ICH EIN BUNTES PAKET.
ICH ÖFFNETE DIE BÄNDER. VOR MIR LAGEN
EIN BUCH, EIN TUCH UND EIN
LIEBESBRIEF MIT TAUSEND HERZCHEN.
ICH RANNTE SCHNELL WIE DER WIND
DAMIT ZU MEINEM BESTEN FREUND.
MIT ERNSTEM GESICHT ÜBERLEGTEN WIR,
WAS WIR DAMIT TUN SOLLTEN.

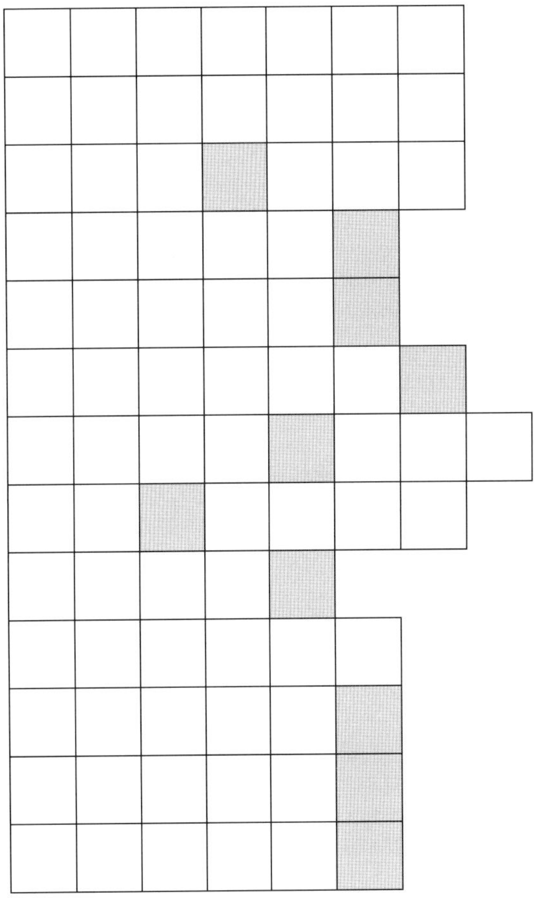

4. **Schreibe alle Nomen aus dem Text in der Einzahl und mit Artikel.**

der Urlaub,

**Lösungshilfe:** groß schreibst du: Im, Urlaub, Tag, Wald, Feld, Strand, Dort, Menschen, Hunde, Wilde, Pferde, Sand, Plötzlich, Paket, Ich, Bänder, Vor, Buch, Tuch, Liebesbrief, Herzchen, Ich, Wind, Freund, Mit, Gesicht


ISBN 978-3-8346-2802-2 | www.verlagruhr.de

Was kannst du?

# Wörter mit Umlauten 1/2

Wenn du nicht weißt, wie ein Wort geschrieben wird, kannst du dir hiermit helfen: ⇨ 1. Sprich es ganz deutlich aus. ⇨ 2. Überlege: Nomen oder nicht? ⇨ 3. Sprich es in Silben. ⇨ 4. Verlängere es. ⇨ 5. Suche Verwandte. ⇨ **Spickzettel!**

Name: Nr.: Datum: Kl.:

## 1. Wichtige-Wörter-Diktat. Schreibe in Silben.

Wichtige-Wörter-Diktat

| | | | |
|---|---|---|---|
| | | | |
| | | | |
| | | | |
| | | | |
| | | | |

Für jeden Fehler ½ **Punkt** Abzug. /8

## 2. Finde zu jeder Aussage zwei Beispiele.

- Viele Wörter mit **ä** haben Verwandte mit **a**.

  ______________________________

- Zu manchen Wörtern mit **ä** kannst du keine Verwandten mit **a** finden.

  ______________________________

- Viele Wörter mit **äu** haben Verwandte mit **au**.

  ______________________________

- Manche Wörter mit **ö** haben Verwandte mit **o**.

  ______________________________

- Manche Wörter mit **ü** haben Verwandte mit **u**.

  ______________________________

Für jedes richtige Beispiel ½ **Punkt**. /5



ISBN 978-3-8346-2802-2 | www.verlagruhr.de

# Wörter mit Umlauten 2/2

Spickzettel! ⇨ Wenn du nicht weißt, wie ein Wort geschrieben wird, kannst du dir hiermit helfen: ⇨ 1. Sprich es ganz deutlich aus. ⇨ 2. Überlege: Nomen oder nicht? ⇨ 3. Sprich es in Silben. ⇨ 4. Verlängere es. ⇨ 5. Suche Verwandte.

Name: ______________________________

**3. In welcher Reihenfolge stehen diese Wörter im Wörterbuch? Schreibe auf.**

müssen – Muster – Müll ______________________________

gähnen – Gast – Gabel ______________________________

**1 Punkt** für jede richtige Zeile. /2

**4. Schreibe die Wörter in der Kreuzworträtsel-Schreibweise.**

| Länder | | | | | | | | Türkei | | | | | | | |
|---|---|---|---|---|---|---|---|---|---|---|---|---|---|---|---|

Für jedes richtige Wort **1 Punkt**. /2

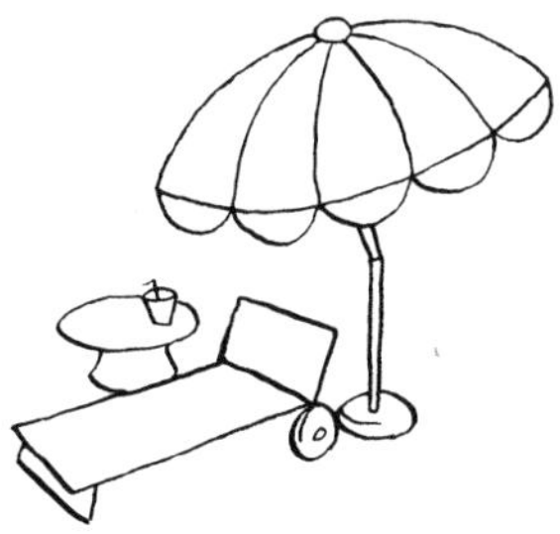

**5. Setze ein: ä oder e, äu oder eu.**
**Denke immer auch an die Verwandten.**
**Das hilft dir, Fehler zu vermeiden.**

In den F___rien d___nke ich viel nach. G___rn tr___me ich mich in die F___rne und st___lle mir v___rschiedene and___re Pl___tze auf der W___lt vor. Ich entd___cke fr___mde L___nder im Kopf. Dann fr___e ich mich schon h___te darauf, sie sp___ter einmal in Wirklichkeit zu seh___n. Mit mein___r Fr___ndin schmied___ ich viel___ Pl___ne und wir erz___hlen von uns___ren Abent___ern.

Für jeden Fehler ½ **Punkt** Abzug. /8

Von **25 Punkten** hast du ________ erreicht.

**Z** hilft dir weiter.

Meine Fehler habe ich gewissenhaft verbessert.

Deine **Note**:

Unterschrift Kind: ______________________ Unterschrift Eltern: ______________________


ISBN 978-3-8346-2802-2 | www.verlagruhr.de

Name:

# Z 15 ⇨ Umlaute, die ich ableiten kann

**A oder e, äu oder eu? Ergänze die Tabelle in der angegebenen Reihenfolge.**

| ④ Wort | ① Verwandtschaft mit a/au | ② Wortart: Nomen/ Verb/Adjektiv? | ③ ich schreibe |
|---|---|---|---|
| DIE W_Ä_SCHE | waschen | Nomen | die Wäsche |
| DER T_E_PPICH | - | Nomen | der Teppich |
| N____ | | | |
| N____HEN | | | |
| W____RMEN | | | |
| TR____MEN | | | |
| H____LEN | |  | |
| DIE R____NDER | | | |
| K____MPFEN | | | |
| DAS F____ER | | | |
| DIE W____LT | | | |
| W____HLEN | | | |
| DAS Z____LT |  | | |
| DIE B____ME | | | |
| DAS N____ST | | | |
| DIE F____STE | | | |
| DIE F____RIEN | | | |
| DAS S____CKCHEN | | | |
| DER L____FER | |  | |

**Lösungshilfe:** keine Verwandten mit a/au haben: neu, heulen, Feuer, Welt, Zelt, Nest, Feste, Ferien




ISBN 978-3-8346-2802-2 | www.verlagruhr.de

Name:

# Z 16 ⇨ Umlaute, die ich mir merken muss

**1. Schreibe die Wörter untereinander in die Tabelle.**

das Mädchen ◆ der März ◆ die Säge ◆ die Träne ◆ der Käfer ◆ der Stängel ◆ das Märchen ◆ der Lärm ◆ dämlich ◆ nämlich ◆ erzählen ◆ spät

**2. Lies, decke ab und schreibe auswendig daneben. Schaffst du mehrere Wörter gleichzeitig?**

| **Wort** | **3 Wörter**<br>lesen, abdecken, auswendig schreiben, kontrollieren | **4 Wörter**<br>lesen, abdecken, auswendig schreiben, kontrollieren | **___ Wörter**<br>lesen, abdecken, auswendig schreiben, kontrollieren |
|---|---|---|---|
| | | | |
| | | | |
| | | | |
| | | | |
| | | | |
| | | | |
| | | | |
| | | | |
| | | | |
| | | | |
| | | | |

**3. Decke Aufgabe 1 ab. Wie viele Wörter fallen dir noch ein?**

| | | | |
|---|---|---|---|
| | | | |
| | | | |
| | | | |


ISBN 978-3-8346-2802-2 | www.verlagruhr.de

# Wörter mit ie und i 1/2

*Spickzettel! Wenn du nicht weißt, wie ein Wort geschrieben wird, kannst du dir hiermit helfen: ⇨ 1. Sprich es ganz deutlich aus. ⇨ 2. Überlege: Nomen oder nicht? ⇨ 3. Sprich es in Silben. ⇨ 4. Verlängere es. ⇨ 5. Suche Verwandte. ⇨ Spickzettel!*

Name: Nr.: Datum: Kl.:

**1. Wichtige-Wörter-Diktat.**

Wichtige-Wörter-Diktat

| | | | |
|---|---|---|---|
| | | | |
| | | | |
| | | | |
| | | | |
| | | | |
| | | | |

Für jeden Fehler ½ **Punkt** Abzug. /8

**2. Es gibt viele Wörter mit dem Wortbaustein -ieren am Ende. Finde neun Wörter.**

| | | |
|---|---|---|
| | | |
| | | |
| | | |

Für jeden Fehler oder jede Lücke **1 Punkt** Abzug. /5

**3. Es gibt viele Wörter mit dem Wortbaustein -ine am Ende. Finde acht Wörter.**

| | | | |
|---|---|---|---|
| | | | |
| | | | |

Für jeden Fehler oder jede Lücke **1 Punkt** Abzug. /4



ISBN 978-3-8346-2802-2 | www.verlagruhr.de

# Was kannst du?

# Wörter mit ie und i 2/2

Spickzettel! ⇨ Wenn du nicht weißt, wie ein Wort geschrieben wird, kannst du dir hiermit helfen: ⇨ 1. Sprich es ganz deutlich aus. ⇨ 2. Überlege: Nomen oder nicht? ⇨ 3. Sprich es in Silben. ⇨ 4. Verlängere es. ⇨ 5. Suche Verwandte.

Name: ______________________________

**4. Male das passende Feld aus.**

| |
|---|
| Ein lang gesprochenes i wird in der Regel als i geschrieben. |
| Ein lang gesprochenes i wird in der Regel als ie geschrieben. |
| Ein lang gesprochenes i wird in der Regel als ih geschrieben. |
| Ein lang gesprochenes i wird in der Regel als ii geschrieben. |

**1 Punkt** für die richtige Entscheidung. /1

**5. Ergänze ie oder i. Verlasse dich auf dein Gehör.**

Auf einer W_____se schl_____f ein R_____se t_____f und fest. Seine St_____fel lagen im Gras. D_____ Sonne stand hoch am H_____mmel. Da brauchte er nicht zu fr_____ren. Auf der W_____se waren v_____le T_____re. Als der R_____se erwachte, f_____l sein Bl_____ck auf eine Z_____ge. Er melkte das T_____r und trank reichl_____ch M_____lch. Der R_____se w_____nkte zum Absch_____d und g_____ng m_____t großen Schr_____tten nach Hause. Er lebte h_____nter den s_____ben Bergen. B_____s dort war es noch ein weiter Weg.

Für jeden Fehler ½ **Punkt** Abzug. /6

Von **24 Punkten** hast du ________ erreicht.

**Z** hilft dir weiter.

Meine Fehler habe ich gewissenhaft verbessert.

Deine **Note**:

Unterschrift Kind: __________________ Unterschrift Eltern: __________________

Name:

# Z 17 ⇨ Wörter mit ie und i

**1. Kurz oder lang? Ergänze ie oder i. Schreibe getrennt daneben.**

- Z____ge Zie-ge
- R____se
- T____sch
- m____t
- b____ten
- Z____mmer
- m____ten
- Fl____ge
- S____lbe

K____nder
F____sch
B____ne
W____se
b____tten
W____nter
sp____len
F____ber
W____ndel

**2. Nimm ein Gummi in die Hand und lies die Wörter in Aufgabe 1.**
**Sprich dabei ie gedehnt und dehne dazu dein Gummi.**
**Dann kannst du dir ie noch besser merken.**

**3. Sprich die Wörter aus Aufgabe 1 in Silben. Was fällt dir auf? Kreuze an.**

☐ Die erste Silbe endet meist mit ie.

☐ Die erste Silbe endet meist mit i.



ISBN 978-3-8346-2802-2 | www.verlagruhr.de

Name:

# Z 18 ⇨ Wörter mit lang gesprochenem i

1. **Schreibe die Wörter untereinander in die Tabelle.**
2. **Lies, decke ab und schreibe auswendig daneben. Schaffst du mehrere Wörter gleichzeitig?**

Sabine ◆ Hermine ◆ die Giraffe ◆ das Kaninchen ◆ der Tiger ◆ das Nilpferd ◆ der Igel ◆ Caroline ◆ die Margarine ◆ die Maschine ◆ die Gardine ◆ das Kilo ◆ das Kino ◆ die Musik ◆ der Kamin

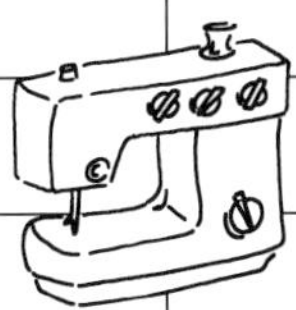

| Wort | 3 Wörter<br>lesen, abdecken, auswendig schreiben, kontrollieren | ____ Wörter<br>lesen, abdecken, auswendig schreiben, kontrollieren |
|---|---|---|
| | | |
| | | |
| | | |
| | | |
| | | |
| | | |
| | | |
| | | |
| | | |
| | | |
| | | |
| | | |
| | | |
| | | |
| | | |

ISBN 978-3-8346-2802-2 | www.verlagruhr.de

# Wörter mit h und Doppelvokal 1/2

*Spickzettel! Wenn du nicht weißt, wie ein Wort geschrieben wird, kannst du dir hiermit helfen: 1. Sprich es ganz deutlich aus. 2. Überlege: Nomen oder nicht? 3. Sprich es in Silben. 4. Verlängere es. 5. Suche Verwandte.*

Name: Nr.: Datum: Kl.:

**1. Wichtige-Wörter-Diktat. Schreibe in Silben.**

Wichtige-Wörter-Diktat

| | | | |
|---|---|---|---|
| | | | |
| | | | |
| | | | |
| | | | |

Für jeden Fehler ½ **Punkt** Abzug. /8

**2. Erinnere dich an alle wichtigen Wörter mit Doppelvokal und trage sie in die Tabelle ein.**

| | | | |
|---|---|---|---|
| | | | |

½ **Punkt** für jedes richtige Wort. /2

**3. Kreuze die richtigen Sätze an und streiche die falschen durch.**

- ☐ Ich kann jedes **h** direkt hören (die Sahne).
- ☐ Manchmal kann ich **h** hören, wenn ich das Wort ganz deutlich und in Silben spreche (gehen).
- ☐ Vor **h** wird der Vokal kurz gesprochen.
- ☐ Bei zweisilbigen Wörtern kann ich das **h** hörbar machen, wenn ich sie einsilbig mache.
- ☐ Wörter mit **Doppelvokal** werden lang gesprochen.
- ☐ Einen **Doppelvokal** kann ich nicht direkt hören.
- ☐ Wörter mit **Doppelvokal** kommen sehr häufig vor.
- ☐ Wörter mit **Doppelvokal** muss ich mir merken.

½ **Punkt** für jede richtige Entscheidung. /4




ISBN 978-3-8346-2802-2 | www.verlagruhr.de

# Was kannst du?

# Wörter mit h und Doppelvokal 2/2

Spickzettel! Wenn du nicht weißt, wie ein Wort geschrieben wird, kannst du dir hiermit helfen: ⇨ 1. Sprich es ganz deutlich aus. ⇨ 2. Überlege: Nomen oder nicht? ⇨ 3. Sprich es in Silben. ⇨ 4. Verlängere es. ⇨ 5. Suche Verwandte.

Name: ______________________________

**4. In jeder Zeile hat sich ein Fehler versteckt. Unterstreiche ihn und schreibe das Wort richtig daneben. Achte auf die Verwandten.**

Das Haus ist unbezalbar. ▶ ______________________

Die Katze stet ganz still. ▶ ______________________

Du siest müde aus. ▶ ______________________

Der Zoo hat ganzjärig geöffnet. ▶ ______________________

Das Auto steht vor der Einfart. ▶ ______________________

**1 Punkt** für jedes richtig geschriebene Wort. /5

**5. Ergänze die fehlenden Buchstaben.**

| | |
|---|---|
| das große B______t | das kleine B______tchen |
| das lange H______r | das kurze H______rchen |
| das P______r Schuhe | das junge P______rchen |

½ **Punkt** für jede richtig gefüllte Lücke /3

Von **22 Punkten** hast du ________ erreicht.

Z hilft dir weiter.

Meine Fehler habe ich gewissenhaft verbessert.

Deine **Note**:

Unterschrift Kind: ______________________ Unterschrift Eltern: ______________________

Name:

# Z 19 h, das man nicht hört

**1. Trainiere dein Gefühl für lange und kurze Vokale. Verwende eine andere Schrift. So schreibst du die Buchstaben:**

- **Konsonanten** sind **Kreise**.
- **Kurze** Vokale/Umlaute sind **kurze Striche**.
- **Lange** Vokale/Umlaute sind **lange Striche**.
- Ein **h** bleibt ein **h**.
- **Färbe** die Felder **vor dem h**.

Lena

| | | | | | | | | | | |
|---|---|---|---|---|---|---|---|---|---|---|
| dehnen | o | — | h | o | – | o | | | | |
| berühren | | | | | | | | | | |
| erzählen | | | | | | | | | | |
| Zahnbürste | | | | | | | | | | |
| Wahnsinn | | | | | | | | | | |
| ungefähr | | | | | | | | | | |
| nehmen | | | | | | | | | | |
| Ohrring | | | | | | | | | | |
| Draht | | | | | | | | | | |
| fehlerlos | | | | | | | | | | |
| Wanduhr | | | | | | | | | | |
| führen | | | | | | | | | | |
| bezahlen | | | | | | | | | | |
| lahm | | | | | | | | | | |
| Bahnfahrt | | | | | | | | | | |
| Sohn | | | | | | | | | | |

Lukas

**2. Wer von den beiden Kindern hat Recht? Schaue dir Aufgabe 1 noch einmal an. Schreibe die richtige Sprechblase ab.**




ISBN 978-3-8346-0366-1 | www.verlagruhr.de

**Name:**

# Z 20 ⇨ Doppelvokale

**1. Ordne die Wörter nach ihrem Doppelvokal.
Trage in die Tabelle ein.**

See ◆ Zoo ◆ Haar ◆ Schnee ◆ Paar ◆ doof ◆
Tee ◆ Saal ◆ Boot

▸ Wörter mit aa

| | | |
|---|---|---|
| | | |

▸ Wörter mit ee

| | | |
|---|---|---|
| | | |

▸ Wörter mit ii

| | | |
|---|---|---|
| | | |

▸ Wörter mit oo

| | | |
|---|---|---|
| | | |

▸ Wörter mit uu

| | | |
|---|---|---|
| | | |

**2. Was fällt dir auf?**


ISBN 978-3-8346-2802-2 | www.verlagruhr.de

# Wörter mit s-Lauten

Spickzettel! Wenn du nicht weißt, wie ein Wort geschrieben wird, kannst du dir hiermit helfen: ⇨ 1. Sprich es ganz deutlich aus. ⇨ 2. Überlege: Nomen oder nicht? ⇨ 3. Sprich es in Silben. ⇨ 4. Verlängere es. ⇨ 5. Suche Verwandte.

Name: Nr.: Datum: Kl.:

**Höre genau hin und fülle den Lückentext aus. Wähle ß oder ss.**

Lieber Jan,

Italien ist toll! Ich habe hier ein Mädchen aus Deutschland getroffen. Sie ____________ Lisa und geht in die dritte ____________. ____________ Lisa gibt es noch viele andere Kinder hier. Oft spielen wir ____________ auf der ____________. Neben unserem Haus gibt es einen ____________ See. Gern sitze ich dort und halte meine ____________ ins kalte ____________. Du ____________ mich besuchen kommen. Dann ____________ wir Nudeln und trinken eine ____________ Tee. Ich ____________ dich.

Viele ____________,

deine Anna

Für den Lehrer

Den unteren Teil vor dem Kopieren bitte abdecken oder abschneiden.

## Diktat

1. **Diktieren Sie diesen Text. Die Kinder schreiben auf die vorab kopierte Diktatvorlage (s. S. 15) oder in ihr Heft.**
2. **Einzelne Kinder können den Text als Lückentext erhalten.**

Lieber Jan,

Italien ist toll! Ich habe hier ein Mädchen aus Deutschland getroffen. Sie **heißt** Lisa und geht in die dritte **Klasse**. **Außer** Lisa gibt es noch viele andere Kinder hier. Oft spielen wir **draußen** auf der **Straße**. Neben unserem Haus gibt es einen **großen** See. Gern sitze ich dort und halte meine **Füße** ins kalte **Wasser**. Du **musst** mich besuchen kommen. Dann **essen** wir Nudeln und trinken eine **Tasse** Tee. Ich **vermisse** dich.

Viele Grüße,

deine Anna (78 Wörter)





ISBN 978-3-8346-2802-2 | www.verlagruhr.de

**Name:**

# Z 21 ⇨ Wörter mit ss

**1. Trage die ss-Wörter in die Tabelle ein.
Der kurz gesprochene Vokal/Umlaut zeigt dir den richtigen Platz.**

wissen ◆ die Tasse ◆ die Busse ◆ die Nuss ◆ fressen ◆ die Pässe ◆ messen ◆ geschossen ◆ lassen ◆ geschlossen ◆ die Gasse ◆ die Flosse ◆ küssen ◆ das Gewissen ◆ müssen ◆ hässlich ◆ der Kuss ◆ der Rüssel ◆ Hessen ◆ die Schlösser ◆ die Gewässer ◆ die Kissen ◆ die Rösser

| | | | |
|---|---|---|---|
| a | | | |
| e | | | |
| i | | | |
| o | | | |
| u | | | |
| ä | | | |
| ö | | | |
| ü | | | |

**2. Verlängere diese einsilbigen Wörter.
Schreibe sie getrennt auf.
Damit kannst du ss gut hörbar machen.**

| Wort | verlängert | getrennt |
|---|---|---|
| das Fass | | |
| nass | | |
| der Biss | | |
| der Schuss | | |


ISBN 978-3-8346-2802-2 | www.verlagruhr.de

Name:

# Z22 ⇨ Wörter mit ß

**1. Trage die ß-Wörter in die Tabelle ein. Der lang gesprochene Vokal, Umlaut oder Zwielaut zeigt dir den richtigen Platz.**

das Maß ◆ außerdem ◆ groß ◆ die Straße ◆
der Schoß ◆ der Kloß ◆ der Fuß ◆ ließ ◆ der Ruß ◆ weiß ◆
die Flöße ◆ außen ◆ der Fleiß ◆ die Späße ◆ der Gruß ◆ der Spieß ◆
die Füße ◆ mäßig ◆ der Grieß ◆ gefräßig ◆ grüßen ◆ die Stöße ◆
heiß ◆ der Fraß ◆ der Strauß ◆ scheußlich ◆ süß ◆ größer

| | | | |
|---|---|---|---|
| a | | | |
| e | | | |
| ie | | | |
| o | | | |
| u | | | |
| ä | | | |
| ö | | | |
| ü | | | |
| ei | | | |
| eu | | | |
| au | | | |

**2. Was fällt dir auf?**

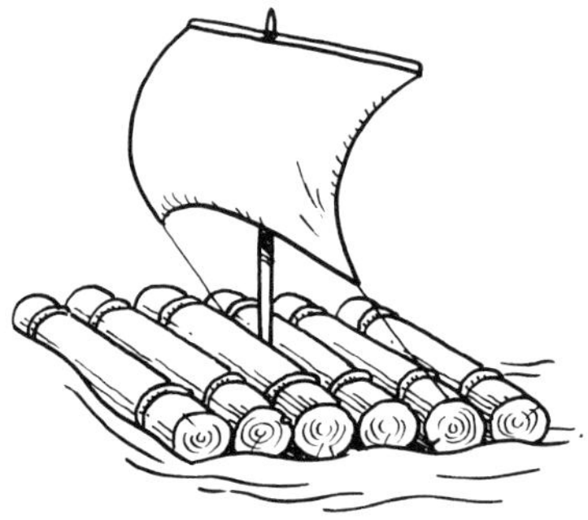




ISBN 978-3-8346-2802-2 | www.verlagruhr.de

# Lösungen zum Arbeitsheft

Die Lösungsseiten können Sie in **Originalgröße** oder **vergrößert kopieren** und für die Kinder in der Klasse auslegen.

Auf diese Weise wird es den Kindern leichtgemacht, eine **konsequente Selbstkontrolle** durchzuführen.

Manche Aufgaben sind nicht eindeutig lösbar. Hier haben wir **Beispiellösungen** angegeben und entsprechend gekennzeichnet.

# So schreibst du die Holistri-Schreibweise

Verwende für jedes Wort, das großgeschrieben wird, einen hohen Strich: |
Verwende für jedes Wort, das kleingeschrieben wird, einen liegenden Strich: –
**Ho**he und **li**egende **Stri**che = Holistri.
Die Satzzeichen schreibst du ganz normal.
**Beispiel:** Ich schreibe lange Sätze. In Holistri: | – – |.

**1. Schreibe diese Sätze in Holistri auf.**

Ich spiele am liebsten Fangen. | – – – | .

Meine Freunde spielen lieber Fußball. | | – – | .

Darum wechseln wir uns ab. | – – – – .

**2. Schreibe auch diese Sätze in Holistri.**
**Achte auf Groß- und Kleinschreibung.**

PAUL SPIELT GEIGE UND SINGT GERNE. | – | – – – .

MELEK IST OFT IN DER BÜCHEREI. | – – – – | .

IM WALD SAMMELT ANNA KASTANIEN. | | – | | .

**3. Und was machst du gern? Schreibe dazu drei Sätze auf. Lasse sie kontrollieren.**

A Ich spiele gerne Fußball.

B Ich angle gerne mit meinem Opa.

C Ich trinke gerne grünen Tee.

Beispiele

**4. Suche dir nun einen Partner, der auch Aufgabe 3 gemacht hat.**
**Lasse dir seine Sätze aus Aufgabe 3 diktieren.**
**Schreibe sie hier in Holistri auf. Dann diktierst du deine Sätze.**

A ______________________.

B ______________________.

C ______________________.

# ABC … juchhe!

| Aufgabe: | ! | 1 | 2 | 3 | 4 | 5 | 6 | 7 | 8 | 9 | | | | |
|---|---|---|---|---|---|---|---|---|---|---|---|---|---|---|
| erledigt: | | | | | | | | | | | | | | |
| überarbeitet: | | | | | | | | | | | | | | |

*Passende Zusatzangebote:*
*Schreibe ein eigenes ABC-Gedicht.*

**Das muss ich als Rechtschreib-Profi wissen:**

**Setze die richtigen Wörter in den Text ein:**
Anfangsbuchstaben, Wörter, Buchstaben, Alphabet

Das Alphabet gibt jedem Buchstaben einen festen Platz.

Es hilft mir, Wörter zu ordnen und wiederzufinden,

zum Beispiel im Wörterbuch, im Telefonbuch, im Karteikasten. Bei gleichen

Anfangsbuchstaben sortiere ich nach dem ersten

unterschiedlichen Buchstaben in den Wörtern.

**Jetzt wird entdeckt, geforscht, geübt …**

**1. Das Alphabet stellt sich vor! Trage hier alle Buchstaben ein.**

A B C D E F G H I J K L M

N O P Q R S T U V W X Y Z

**2. Manche Buchstaben sind Vokale. Setze sie ein.**

A E I O U

**3. Welche Buchstaben sind Konsonanten? Setze sie ein.**

B C D F G H J K L M N P Q R S T V W X Y Z






ISBN 978-3-8346-2802-2 | www.verlagruhr.de

**4. Schreibe ein ABC-Gedicht. Suche aus den Möglichkeiten immer die Zeile aus, die sich auf die Buchstaben reimt.**

| | | |
|---|---|---|
| **ABC** | ich geh in die Schule.<br>ich in die Schule geh. | ABC –<br>ich in die Schule geh. |
| **DEF** | und der Chef ist niemand.<br>und niemand ist der Chef. | D E F –<br>und niemand ist der Chef. |
| **GHI** | gar nie verpetzen wir uns.<br>wir verpetzen uns gar nie. | G H I –<br>wir verpetzen uns gar nie. |
| **JKL** | wir helfen anderen schnell.<br>schnell helfen wir anderen. | J K L –<br>wir helfen anderen schnell. |
| **MNO** | sowieso lachen wir.<br>wir lachen sowieso. | M N O –<br>wir lachen sowieso. |
| **PQR** | schwer fällt es uns so nicht.<br>so fällt es uns nicht schwer. | P Q R –<br>so fällt es uns nicht schwer. |
| **STU** | ich hör dir immer zu.<br>zu hör ich dir immer. | S T U –<br>ich hör dir immer zu. |
| **VWX** | Tricks kennen wir alle.<br>wir kennen alle Tricks. | V W X –<br>wir kennen alle Tricks. |
| **YZ** | nett ist es in der Schule.<br>in der Schule ist es nett. | Y Z<br>in der Schule ist es nett. |

**5. Lerne dieses ABC-Gedicht auswendig. Du kannst auch ein anderes ABC-Gedicht lernen, wenn du eins kennst.**

Unterschreibe hier, wenn du es kannst: ______________________

**6. Trage das Gedicht einem anderen Kind flüssig und ohne Fehler vor. Sprich dabei deutlich. Dein Lernpartner kreuzt an, wie gut du es kannst.** ☺ ☐ 😐 ☐ ☹ ☐

**Kontrolliert** von: ______________________





**7. Sortiere die Wörter nach dem Alphabet. Wenn mehrere Wörter den gleichen Anfangsbuchstaben haben, achte auf den ersten unterschiedlichen Buchstaben und markiere ihn.**

Apfel – Autobahn – Autounfall – Ananas

| | | | |
|---|---|---|---|
| Ananas | Apfel | Autobahn | Autounfall |

Kuchen – Claudia – Kleid – klein

| | | | |
|---|---|---|---|
| Claudia | Kleid | klein | Kuchen |

Zug – Zebra – Zeitung – zwei

| | | | |
|---|---|---|---|
| Zebra | Zeitung | Zug | zwei |

**8. Schau dir die Vokale und Konsonanten einmal in Silben an. Hier stehen einige Wörter in Silben. Unterstreiche die Konsonanten blau und die Vokale, Umlaute und Zwielaute rot.**

A|mei|se Gar|ten|schlauch

Ei E|sel

Lö|wen|maul

ar|bei|ten

...... = rot ____ = blau

**9. Schau dir die markierten Silben in Aufgabe 8 gut an. Kreuze an, was richtig ist. Streiche durch, was falsch ist.**

- ☐ ~~In jeder Silbe ist ein Konsonant~~
- ☒ In jeder Silbe ist ein Vokal oder Umlaut oder Zwielaut.
- ☐ ~~Vor dem Vokal steht immer genau ein Konsonant.~~
- ☒ Konsonanten können vor oder hinter den Vokalen stehen.
- ☐ ~~Die erste Silbe in einem Wort endet immer mit einem Vokal.~~
- ☒ Die erste Silbe endet mit einem Vokal oder einem Konsonant.



© Verlag an der Ruhr | Autorinnen: Claudia Haertlmayr, Sabine Schubart
ISBN 978-3-8346-2802-2 | www.verlagruhr.de

# Nachschlagen im Wörterbuch

| Aufgabe: | ⚠ | 1 | 2 | 3 | 4 | 5 | 6 | 7 | | | | | | |
|---|---|---|---|---|---|---|---|---|---|---|---|---|---|---|
| erledigt: | | | | | | | | | | | | | | |
| überarbeitet: | | | | | | | | | | | | | | |

*Passende Zusatzangebote: Vergleiche verschiedene Wörterbücher.*

**Das muss ich als Rechtschreib-Profi wissen:**

**Kreuze richtige Aussagen zum Wörterbuch an.**

- ☒ Das Wörterbuch **hilft mir**, wenn ich nicht weiß, wie man ein Wort schreibt.
- ☐ Das Wörterbuch ist nur **für die Freizeit** gedacht.

- ☐ Die Wörter stehen **ungeordnet** im Wörterbuch.
- ☒ Die Wörter stehen **alphabetisch geordnet** im Wörterbuch.

- ☐ **Nomen** suche ich in der **Mehrzahl** (Häuser).
- ☒ **Nomen** suche ich in der **Einzahl** (Haus).

- ☒ **Verben** suche ich in der **Grundform** (trinken).
- ☐ **Verben** suche ich in der **Vergangenheit** (trank).

- ☒ **Adjektive** suche ich in der **Grundform** (groß).
- ☐ **Adjektive** suche ich in einer **veränderten Form** (größer).

**Jetzt wird entdeckt, geforscht, geübt …**

**1. Nomen sind im Wörterbuch meistens in der Einzahl einsortiert. Überlege dir das Wort in der Einzahl. Suche es im Wörterbuch und trage es ein.**

die Lieder *das Lied*, S. ___ die Frösche *der Frosch*, S. ___
die Länder *das Land*, S. ___ die Sterne *der Stern*, S. ___
die Bücher *das Buch*, S. ___ die Berge *der Berg*, S. ___





**2. Verben sind im Wörterbuch meistens in der Grundform einsortiert. Überlege dir die Grundform und suche sie im Wörterbuch. Schreibe sie mit Seitenzahl auf.**

er trank *trinken*, S. ___ er vergisst *vergessen*, S. ___
er fand *finden*, S. ___ sie träumte *träumen*, S. ___
sie spielt *spielen*, S. ___ es klappte *klappen*, S. ___
sie lobten *loben*, S. ___ geschrieben *schreiben*, S. ___
wir trödelten *trödeln*, S. ___ gezogen *ziehen*, S. ___

**3. Adjektive sind im Wörterbuch meistens in der Grundform einsortiert. Überlege dir das Wort in der Grundform, suche es und trage es ein.**

länger *lang*, S. ___ kürzer *kurz*, S. ___
größer *groß*, S. ___ weiter *weit*, S. ___

**4. Zusammengesetzte Nomen musst du oft in Einzelwörter zerlegen. Überlege dir die Einzelwörter, suche sie im Wörterbuch. Schreibe sie auf und ergänze die Seitenzahlen.**

| zusammengesetztes Nomen | einzelnes Wort | Seite | einzelnes Wort | Seite |
|---|---|---|---|---|
| der Springbrunnen | *springen* | | *der Brunnen* | |
| der Leuchtturm | *leuchten* | | *der Turm* | |
| der Hundekuchen | *der Hund* | | *der Kuchen* | |
| das Hochhaus | *hoch* | | *das Haus* | |
| der Pferdestall | *das Pferd* | | *der Stall* | |
| die Polizeiwache | *die Polizei* | | *die Wache* | |

**5. Einige von diesen Wörtern stehen so nicht in deinem Wörterbuch. Welche sind es? Kennzeichne sie farbig.**

| | | | |
|---|---|---|---|
| himmelblau | Himmel | blau | Erdbeerkuchen |
| Erdbeere | Kuchen | geben | abgegeben |






ISBN 978-3-8346-2802-2 | www.verlagruhr.de

## Nachschlagen im Wörterbuch

**6. In die fett gedruckten Wörter hat sich ein Fehler geschlichen. Überprüfe mit dem Wörterbuch. Schreibe dann die ganze Zeile richtig daneben und kennzeichne die verbesserten Wörter farbig.**

| | |
|---|---|
| Alle **Mentschen**, die | Alle Menschen, die |
| schreiben, machen **Feler**. | schreiben, machen Fehler. |
| Manche **könen** sich Wörter | Manche können sich Wörter |
| gut **mercken**, andere | gut merken, andere |
| brauchen **lenger**, | brauchen länger, |
| bis sie **wißen**, | bis sie wissen, |
| wie man etwas **schreipt**. | wie man etwas schreibt. |
| Beim **rischtigen** Schreiben | Beim richtigen Schreiben |
| **hielft** das Wörterbuch. | hilft das Wörterbuch. |
| Je **beser** du dich damit | Je besser du dich damit |
| auskennst, desto **schnäller** | auskennst, desto schneller |
| findest du das **wort**. | findest du das Wort. |

**7. Wie sicher bist du schon beim Nachschlagen im Wörterbuch? Kreuze an und mache die passende Übung.**

☐ 🙂 sehr sicher
Schreibe fünf lange zusammengesetzte Wörter und prüfe alle Teile mit einem Wörterbuch für Erwachsene.

☐ 😐 ziemlich sicher
Schreibe fünf zusammengesetzte Wörter und prüfe alle Teile mit dem Wörterbuch.

☐ ☹ fällt mir noch schwer
Lasse dir sieben Wörter aus der Wörterliste ab Seite 86 diktieren und überprüfe mit der Wörterliste.

**Meine persönlichen Übungswörter:**

| | | | |
|---|---|---|---|
| | | | |
| | | | |

## Richtig abschreiben

| Aufgabe: | ⚠ | ⚠ | 1 | 2 | 3 | 4 | 5 | 6 | 7 | 8 | | | | |
|---|---|---|---|---|---|---|---|---|---|---|---|---|---|---|
| erledigt: | | | | | | | | | | | | | | |
| überarbeitet: | | | | | | | | | | | | | | |

*Passende Zusatzangebote:*
*W10. Erfinde selbst ein Unsinngedicht wie auf S. 14.*

**Das muss ich als Rechtschreib-Profi wissen:**

**In welchen Schritten gehst du beim Abschreiben vor? Nummeriere die Sätze in der richtigen Reihenfolge. Die Abbildung am oberen Blattrand hilft dir.**



[2] Ich **merke** mir schwierige Stellen **gut**. Ich kann diese auch markieren.
[1] Ich **lese genau**. Je mehr Wörter ich mir merke, desto schwieriger wird es.
[4] Ich **kontrolliere** mich **sofort**, ob ich richtig geschrieben habe.
[3] Ich **schreibe** jetzt mein Wort oder meinen Sinnabschnitt **auswendig** auf.

**Finde jetzt für jeden Schritt eine Mini-Regel in zwei Worten. Die fett gedruckten Wörter helfen dir. Schreibe sie in der richtigen Reihenfolge auf.**

1. Genau lesen!
2. Gut merken!
3. Auswendig schreiben!
4. Sofort kontrollieren!

**Jetzt wird entdeckt, geforscht, geübt ...**

**1. Wähle einen kurzen Text aus deinem Lesebuch und schreibe ihn richtig ab. Finde einen Partner, der bei dir auf Fehlersuche geht. Hast du es fehlerfrei geschafft?**

Text, S. ____ Partner ____________ Ich habe ____ Fehler gemacht.

**2. Gehe auch du bei einem anderen Kind auf Fehlersuche.**

Text, S. ____ Partner ____________ Mein Partner hat ____ Fehler gemacht.



© Verlag an der Ruhr | Autorinnen: Claudia Haertlmayr, Sabine Schubart
ISBN 978-3-8346-2802-2 | www.verlagruhr.de

## Richtig abschreiben

**3. Schreibe die zusammengesetzten Nomen in den gelernten vier Schritten ab. Decke beim Schreiben die Wörter ab.**

Aprilscherz

...ermesser

...erin

...ein

...erb

**4. Wenn du ... schreibst, die du noch nicht kennst, kannst du besser e... ennen, wie gut dir das Abschreiben schon ge... Dies ist ein Ausschnitt a... m Unsinn-Gedicht. Sch...**

*brulba dori daula dall...*

*sula lori wauga mall...*

*lori damma fu...*

*Dasche mame ca...*

*sch...rsche saga ...*

*suri pau... zmalu*

*(Hugo Ball)*

**5. Beim Abschreiben kannst du Wörter am Ende der Zeile nach Silben trennen. Aber Achtung: Trenne dabei keine einzelnen Buchstaben ab! Trenne nun diese Wörter richtig, wenn möglich.**

| Igelbau | Ameise | Ananas | über |
|---|---|---|---|
| *Igel-* | *Amei-* | *Ana-* | *über* |
| *bau* | *se* | *nas* | |

## Richtig abschreiben

**6. Schwierige Stellen kannst du dir gut merken, wenn du dir einen „Denkzettel“ dazu überlegst. Welches Wort passt zu welchem Denkzettel? Trage ein.**

das Picknick, der Computer, schnell, ärgern, die Belohnung, vielleicht

| | | |
|---|---|---|
| *ärgern* | *die Belohnung* | *vielleicht* |
| klein, mit ä | groß, mit h nach o | klein mit v, ie und zwei l |
| *schnell* | *der Computer* | *das Picknick* |
| klein, mit zwei l | groß, am Anfang C, kein j | groß, 2-mal ck |

**7. Diese Aussagen stimmen so nicht. Verändere den fett gedruckten Teil und schreibe den Satz verbessert darunter.**

- Wenn ich abschreibe, kontrolliere ich mich **nie**.

  *Wenn ich abschreibe, kontrolliere ich mich sofort.*

- Wenn ich schon gut abschreiben kann, nehme ich mir **kürzere** Abschnitte vor.

  *Wenn ich schon gut abschreiben kann, nehme ich mir längere Abschnitte vor.*

**8. Wie gut kannst du abschreiben? Kreuze an und mache die passende Übung.**

| ☐ 🙂 gut | ☐ 😐 ziemlich gut | ☐ 🙁 fällt mir noch schwer |
|---|---|---|
| Suche dir einen kurzen Text und schreibe ihn in Schönschrift ab. | Suche dir einen kurzen Text. Schreibe ihn ab. Denke an die Schritte beim Abschreiben. | Suche dir Wörter, die du üben willst. Schreibe sie 3-mal ab. Denke an die Schritte beim Abschreiben. |

**Meine persönlichen Übungswörter:**

| | | | |
|---|---|---|---|
| | | | |
| | | | |






ISBN 978-3-8346-2802-2 | www.verlagruhr.de

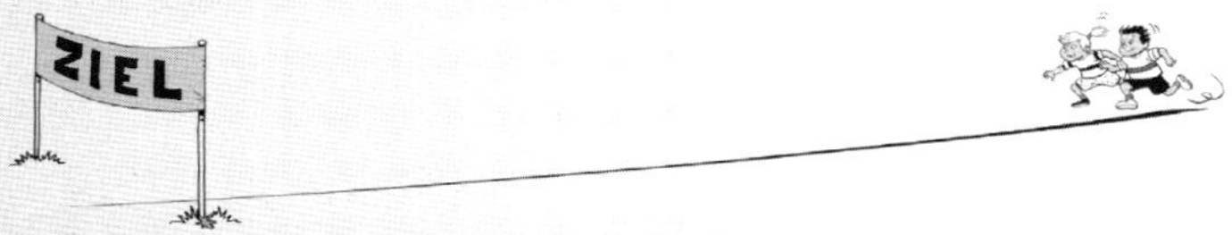


Test

# Alphabet und Arbeitstechniken

**1. Schreibe hier das Alphabet in der richtigen Reihenfolge auf.**

| | | | | | | | | | | | | | | | | | | | | | | | | | |
|---|---|---|---|---|---|---|---|---|---|---|---|---|---|---|---|---|---|---|---|---|---|---|---|---|---|
| A | B | C | D | E | F | G | H | I | J | K | L | M | N | O | P | Q | R | S | T | U | V | W | X | Y | Z |

Wenn alles richtig ist, hast du **2 Punkte**. /2

**2. Entschlüssle die Geheimsprache.**
**Ersetze jeden Buchstaben durch den Buchstaben, der im Alphabet direkt davor steht.**

Ojlmbt = *Niklas*

mjfcu = *liebt*

Fsecffsfjt. = *Erdbeereis*.

Gib dir für jedes richtige Wort **1 Punkt**. /3

**3. Ordne die Wörter nach dem Alphabet.**

| | | | |
|---|---|---|---|
| Hausaufgabe | *Hamster* | Zeitung | *Brot* |
| Haustier | *Hausaufgabe* | Marmelade | *Butter* |
| Hamster | *Haustier* | Brot | *Marmelade* |
| Hund | *Hund* | Butter | *Zeitung* |
| Heizung | *heizen* | Kaffee | *Ei* |
| heizen | *Heizung* | Wurst | *Frühstück* |
| Hilfe | *Hilfe* | Ei | *Kaffee* |
| Hochzeit | *Hochzeit* | Frühstück | *Wurst* |

Gib dir für jeden richtigen 4er-Block **1 Punkt**. /4

Test

# Alphabet und Arbeitstechniken

**4. Kreuze richtige Sätze an und streiche falsche Sätze mit Lineal durch.**

- ☐ ~~Ich finde jedes Wort im Wörterbuch, wenn ich lange genug suche.~~
- ☒ Im Wörterbuch sind die Wörter nach dem Alphabet geordnet.
- ☒ Verben stehen meist in der Grundform.
- ☐ ~~Nomen stehen meist in der Mehrzahl.~~
- ☒ Adjektive finde ich meist in der Grundform.
- ☒ Wenn ich viel im Wörterbuch nachschlage, kann ich Fehler vermeiden.

Gib dir für jede richtige Entscheidung ½ **Punkt**. /3

**5. Löse die Aufgaben mithilfe deines Wörterbuchs.**

Finde das Wort **Fenster**. Es steht auf Seite ______.

Welches Wort kommt nach **Straße**? Es heißt ______, Seite ___.

Welches Wort steht vor **Brücke**? Es heißt ______, Seite ___.

Welches Wort steht weiter vorn: **Camping** oder **Chor**? *Camping*

Welches Wort steht weiter hinten: **alt** oder **Auto**? *Auto*

Bei welchem Buchstaben stehen mehr Wörter: bei **E** oder bei **S**? ______

Ich finde das Wort **Schlüsselblume** nicht. Welche zwei Wörter kann ich suchen?
*Schlüssel* auf Seite ___ und *Blume* auf Seite ___.

Ich finde das Wort **Reisetasche** nicht. Welche zwei Wörter kann ich suchen?
*reisen* auf Seite ___ und *Tasche* auf Seite ___.

Ich finde das Wort **schwieriger** nicht. Ich suche *schwierig*, Seite ___.

Ich finde das Wort **rollte** nicht. Ich suche *rollen*, Seite ___.

Gib dir für jede richtige Antwort **1 Punkt**. /12

Von **24 Punkten** habe ich ☐ erreicht! Meine Fehler habe ich verbessert.
So zufrieden bin ich: ☺ 😐 ☹
Ich muss noch Aufgaben üben wie Nummer ☐1, ☐2, ☐3, ☐4, ☐5.




ISBN 978-3-8346-2802-2 | www.verlagruhr.de

# Nomen

| Aufgabe: | ⚠ | 1 | 2 | 3 | 4 | 5 | 6 | 7 | 8 | 9 | | | | |
|---|---|---|---|---|---|---|---|---|---|---|---|---|---|---|
| erledigt: | | | | | | | | | | | | | | |
| überarbeitet: | | | | | | | | | | | | | | |

*Passende Zusatzangebote: W1 – W2 – W4 – W5 – W6*

## Das muss ich als Rechtschreib-Profi wissen:

**Markiere in dieser Regel die wichtigsten Wörter. Die Zahlen geben dir Hinweise, wie viele es sein könnten.**

- Nomen sind Namen für Lebewesen, Dinge, Ereignisse und Gefühle. ❷
- Nomen können in der Einzahl und in der Mehrzahl stehen. ❷
- Vor Nomen kann ein Artikel stehen. ❶
- Bestimmte Nachsilben zeigen an, dass ein Wort ein Nomen ist. (-ung, -heit, -keit, -nis …). ❶
- Das Besondere an Nomen ist, dass ich sie immer großschreibe. ❷

## Jetzt wird entdeckt, geforscht, geübt …

**1. Kreise die 28 Nomen ein.**

ARM ERDE SACHE AUGE AUTO SINKEN BIRNE
ENDE BEWEGEN SEIFE FLASCHE NASE BAUM SEITE
EI KAUFEN FREUNDLICH ERFÜLLEN FRAU SCHULE
HASE VON VERSORGEN MAUS BUCH HAUS OHNE
RABE IHRE KOMMEN AUFGABE ALLERDINGS GARTEN
FERIEN KLEIN FISCH TOMATE BROT GEMÜSE
WOCHE SEHR





Wichtige Wörter

**2. Trage die Nomen aus Aufgabe 1 richtig in die Tabelle ein.**

| | | | |
|---|---|---|---|
| der *Arm* | die *Erde* | die *Sache* | das *Auge* |
| das *Auto* | die *Birne* | das *Ende* | die *Seife* |
| die *Flasche* | die *Nase* | der *Baum* | die *Seite* |
| das *Ei* | die *Frau* | die *Schule* | der *Hase* |
| die *Maus* | das *Buch* | das *Haus* | der *Rabe* |
| die *Aufgabe* | der *Garten* | die *Ferien* | der *Fisch* |
| die *Tomate* | das *Brot* | das *Gemüse* | die *Woche* |

**3. Finde im Text alle Nomen und unterstreiche sie farbig.
Die Zahl hinter dem Satz sagt dir, wie viele Wörter du finden kannst. Kontrolliere.**

**FRAU RABE UND IHRE SCHLANGE ❸**

MEINE ELTERN ARBEITEN ❶. FRAU RABE HÄLT BEI UNS HAUS UND GARTEN IN ORDNUNG ❺. MEINE AUFGABE IST, UNSERE MAUS UND DEN HASEN ZU VERSORGEN ❸. EINMAL IN DER WOCHE NACH DER SCHULE BESUCHE ICH FRAU RABE ❹. SIE HAT EINE SCHLANGE ❶. „DARF ICH IHR EINE TOMATE GEBEN?“, FRAGE ICH ❶. FRAU RABE MEINT DAZU: „SIE MAG KEIN GEMÜSE. ❸ SIE MÖCHTE GERN FISCH“ ❶. IN DEN FERIEN VERSORGE ICH DIE SCHLANGE IN UNSEREM HAUS ❸. ICH WERDE GUT AUF DIE MAUS UND DEN HASEN AUFPASSEN, AUCH WENN SIE KEINE FISCHE SIND ❸! (89 Wörter)

**4. Schreibe diesen Text in der Holistri-Schreibweise.
Für jedes Wort und jedes Satzzeichen hast du ein Kästchen.
In den farbigen Feldern stehen die Satzzeichen.**

<table>
<tr><td>|</td><td>|</td><td>–</td><td>–</td><td>|</td><td></td><td></td><td></td><td></td><td></td><td></td><td></td><td></td><td></td><td></td><td></td><td></td><td></td><td></td><td></td><td></td><td></td></tr>
<tr><td>|</td><td>|</td><td>–</td><td>.</td><td>|</td><td>|</td><td>–</td><td>–</td><td>–</td><td>|</td><td>–</td><td>|</td><td>–</td><td>|</td><td>.</td><td>|</td><td>|</td><td>–</td><td>,</td><td>–</td><td>|</td><td>–</td></tr>
<tr><td>–</td><td>|</td><td>–</td><td>–</td><td>.</td><td>|</td><td>–</td><td>–</td><td>|</td><td>–</td><td>–</td><td>|</td><td>–</td><td>–</td><td>|</td><td>|</td><td>.</td><td>|</td><td>–</td><td>–</td><td>|</td><td>.</td></tr>
<tr><td>„</td><td>|</td><td>–</td><td>–</td><td>–</td><td>|</td><td>–</td><td>?</td><td>“</td><td>,</td><td>–</td><td>–</td><td>.</td><td>|</td><td>|</td><td>–</td><td>–</td><td>:</td><td>„</td><td>|</td><td>–</td><td>–</td></tr>
<tr><td>|</td><td>.</td><td>|</td><td>–</td><td>–</td><td>|</td><td>“</td><td>.</td><td>|</td><td>–</td><td>|</td><td>–</td><td>–</td><td>–</td><td>|</td><td>–</td><td>–</td><td>|</td><td>.</td><td>|</td><td>–</td><td>–</td></tr>
<tr><td>–</td><td>–</td><td>|</td><td>–</td><td>–</td><td>|</td><td>–</td><td>,</td><td>–</td><td>–</td><td>–</td><td>–</td><td>|</td><td>–</td><td>!</td><td></td><td></td><td></td><td></td><td></td><td></td><td></td></tr>
</table>






ISBN 978-3-8346-2802-2 | www.verlagruhr.de

# Nomen



**5. Arbeite mit dem Text aus Aufgabe 3.
Entscheide dich für eine der Aufgaben und male aus, wie du übst.**

Seite 94

| | | | |
|---|---|---|---|
| Ich schreibe ihn ab. | Ich lasse ihn mir diktieren. | Ich schreibe ein Schleichdiktat. | Ich schreibe ihn ab und verlängere jeden Satz um mindestens zwei Wörter. |

**6. Bilde aus diesen Silben mindestens sechs sinnvolle Nomen.
Es gibt verschiedene Möglichkeiten.
Schreibe in Silben.**

~~KAS~~ • GA • BEL • ~~TEN~~ • HO • EN • DE • SE • BE • SEN • NA • PE • LAM

Kas-ten, Ga-bel, Ho-se, Be-sen, Na-se, Lam-pe,
En-de, En-ten, Na-bel, Kas-se

Beispiele

____ = rot ...... = blau

**7. Schaue dir in den Wörtern von Aufgabe 6 nun jeweils die erste Silbe an.
Unterstreiche sie rot, wenn sie mit einem Vokal endet.
Dann nennt man sie eine „offene Silbe“.
Unterstreiche sie blau, wenn sie mit einem Konsonanten endet.
Dann nennt man sie eine „geschlossene Silbe“.**

**8. Sprich dir die Wörter von Aufgabe 6 in Silben vor. Kreuze an, was richtig ist.**

- [x] In einer offenen Silbe klingt der Vokal lang.
- [x] In einer geschlossenen Silbe klingt der Vokal kurz.
- [ ] Der Vokal klingt immer gleich lang.

**9. Führe ein Lerngespräch. Die Anleitung dazu findest du auf Seite 95.**

**Meine persönlichen Übungswörter:**

| | | | |
|---|---|---|---|
| | | | |
| | | | |





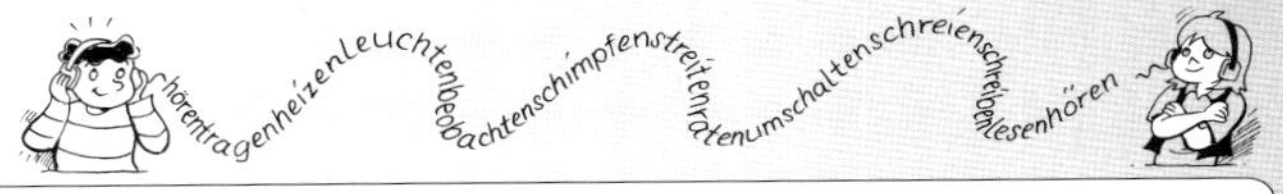


# Verben

| Aufgabe: | ⚠ | 1 | 2 | 3 | 4 | 5 | 6 | 7 | 8 | 9 | | | | |
|---|---|---|---|---|---|---|---|---|---|---|---|---|---|---|
| erledigt: | | | | | | | | | | | | | | |
| überarbeitet: | | | | | | | | | | | | | | |

*Passende Zusatzangebote: W1 – W7 – W8 – T3*

**Das muss ich als Rechtschreib-Profi wissen:**

**Setze die richtigen Ausdrücke in den Text ein.**
klein, geschieht, Satzanfang, tun, Grundform, -en, verändert

Verben sagen mir, was Lebewesen und Dinge *tun* und was *geschieht*.
Sie können in der *Grundform* stehen oder *verändert* werden.
In der Grundform steht am Ende meist ein *-en*. Verben schreibe ich *klein*, außer am *Satzanfang*.

**Jetzt wird entdeckt, geforscht, geübt ...**

**1. Finde die 16 Verben in der Grundform und unterstreiche sie.
Acht Wörter gehören nicht dazu.**

<u>lesen</u> • baute • <u>erlauben</u> • schlug • <u>bleiben</u> • <u>reiten</u> • <u>leben</u> • rechnete •
<u>geben</u> • gab • <u>rechnen</u> • fragte • <u>fragen</u> • <u>legen</u> • <u>malen</u> • redete •
<u>reden</u> • <u>schlafen</u> • <u>kaufen</u> • machte • <u>machen</u> • <u>lernen</u> • lernte • <u>arbeiten</u>

**2. Trage alle Verben aus Aufgabe 1 in der Grundform in die Tabelle ein.**

Wichtige Wörter

| | | | |
|---|---|---|---|
| lesen | erlauben | bleiben | reiten |
| leben | geben | rechnen | fragen |
| legen | malen | reden | schlafen |
| kaufen | machen | lernen | arbeiten |



© Verlag an der Ruhr | Autorinnen: Claudia Haertlmayr, Sabine Schubart
ISBN 978-3-8346-2802-2 | www.verlagruhr.de

3. **Lukas hat nach Verben in der Grundform gesucht und sie in den Kasten eingetragen. Seine Schwester Theresa ist mit acht Wörtern nicht einverstanden. Welche meint sie wohl? Kreise sie ein.**

werden • ruft • scheinen • oben • suchen • schneiden • rufen • schreiben • neben • gut • reisen • suchst • warten • Regen • trinken • neu • turnen • weinen • danken • singen • werfen • wirft • tanken

4. **Trage alle Verben in der Grundform aus Aufgabe 3 richtig in die Tabelle ein.**

Wichtige Wörter

| | | | |
|---|---|---|---|
| werden | rufen | scheinen | suchen |
| schneiden | schreiben | reisen | warten |
| trinken | turnen | weinen | danken |
| singen | werfen | tanken | |

5. **Was erklärt Theresa ihrem Bruder Lukas? Berate dich mit einem Partner zu den eingekreisten Verben. Tragt eure Überlegungen ein.**

| Wort | Das ist kein Verb in der Grundform, weil … |
|---|---|
| ruft | es verändert wurde, die Grundform ist rufen. |
| oben | es kein Verb ist. (Es ist ein Adverb.) |
| neben | es kein Verb ist. (Es ist ein Adverb.) |
| gut | es kein Verb ist. (Es ist ein Adjektiv.) |
| suchst | es verändert wurde, die Grundform ist suchen. |
| Regen | es kein Verb ist. (Es ist ein Nomen.) |
| neu | es kein Verb ist. (Es ist ein Adjektiv.) |
| wirft | es verändert wurde, die Grundform ist werfen. |





6. **Auch in diesem Text stecken viele Verben. Wie viele findest du? Kennzeichne sie farbig. Die Zahlen helfen dir.**

**Olga möchte reisen ❷**

Olga reist gern ❶. Sie möchte in ein Land, in dem die Sonne scheint und sie baden kann ❹. Dort will sie am Strand liegen, Burgen bauen, lesen und schlafen ❺. Olgas Eltern erlauben ihr, im Reisebüro Kataloge zu holen ❷. Sie schneidet die Bilder aus, um sie in ein Album zu kleben ❷. In den Ferien darf Olga bei ihrer Oma und ihrem Opa bleiben ❷. Sie leben am Meer und bei ihnen ist es warm ❷. Olga möchte vor Freude singen und tanzen ❸. Sie will viele Postkarten schreiben ❷.

(86 Wörter)

7. **Arbeite mit dem Text aus Aufgabe 6. Entscheide dich für eine der Aufgaben und male aus, wie du übst.**

| | | | |
|---|---|---|---|
| Ich schreibe ihn ab. | Ich schreibe ihn in der Schreibstaffel. | Ich schreibe ein Schleichdiktat. | Ich schreibe ihn am Computer ab. |

8. **Verben kannst du mit Vorsilben verändern. Bilde aus diesen Vorsilben und Verben mindestens acht neue Verben. Achtung, nicht alle Vorsilben passen zu allen Wörtern.**

vor- ver- ab- auf- schreiben warten singen sagen reisen

vorschreiben, vorsingen, vorsagen, verschreiben, versagen, verreisen, abschreiben,

abwarten, absagen, abreisen, aufschreiben, aufwarten, aufsagen

9. **Finde einen Lernpartner. Erkläre ihm, was die Wörter aus Aufgabe 8 bedeuten, die du aufgeschrieben hast.**

**Meine persönlichen Übungswörter:**

| | | | |
|---|---|---|---|
| | | | |
| | | | |






ISBN 978-3-8346-2802-2 | www.verlagruhr.de

# Adjektive

| Aufgabe: | ⚠ | 1 | 2 | 3 | 4 | 5 | 6 | 7 | 8 | 9 | | | |
|---|---|---|---|---|---|---|---|---|---|---|---|---|---|
| erledigt: | | | | | | | | | | | | | |
| überarbeitet: | | | | | | | | | | | | | |

*Passende Zusatzangebote: W1 – W9 – W12*

**Das muss ich als Rechtschreib-Profi wissen:**

**Fülle die Lücken richtig. Benutze diese Wörter:**
klein, Gegenteil, steigern, wie

Adjektive sagen mir, *wie* etwas ist. Man kann sie meist *steigern* und oft das *Gegenteil* finden. Ich schreibe sie *klein*.

**Jetzt wird entdeckt, geforscht, geübt …**

**1. Setze nach jedem Wort einen Strich. Es sind 16 Adjektive. Trage sie in die Tabelle ein.**

schön|fein|rot|gelb|neu|schwarz|hoch|eng|reich|klein|schwer|gerade|laut|gut|krank|genau

**Wichtige Wörter**

| | | | |
|---|---|---|---|
| *schön* | *fein* | *rot* | *gelb* |
| *neu* | *schwarz* | *hoch* | *eng* |
| *reich* | *klein* | *schwer* | *gerade* |
| *laut* | *gut* | *krank* | *genau* |

**2. Trage die wichtigen Wörter neben ihrem Gegenteil ein.**

weit – *eng* grob – *fein* gesund – *krank*
hässlich – *schön* leicht – *schwer* tief – *hoch*
krumm – *gerade* alt – *neu* arm – *reich*
schlecht – *gut* leise – *laut* groß – *klein*





**3. Steigere die Adjektive. Fülle die Tabelle.**

| Grundform | 1. Vergleichsstufe/ Höherstufe | 2. Vergleichsstufe/ Höchststufe |
|---|---|---|
| reich | *reicher* | *am reichsten* |
| eng | *enger* | *am engsten* |
| schön | *schöner* | *am schönsten* |
| fein | *feiner* | *am feinsten* |

**4. Finde passende Vergleiche. Vervollständige die Sätze wie im Beispiel.**

Ein Pferd ist schnell. *Ein Auto* ist *schneller*.

Eine Maus ist klein. *Eine Fliege* ist *kleiner*.

Ein Baum ist hoch. *Ein Berg* ist *höher*.

Ein Motorrad ist schwer. *Ein Elefant* ist *schwerer*.

**5. Adjektive können Verwandte aus unterschiedlichen Wortarten haben. Der Wortstamm bleibt oft gleich oder ändert sich nur wenig. Diese Wörter bilden eine Wortfamilie.**
Beispiel für die Wortfamilie **groß:** riesen**groß** – die **Größ**e – ver**größ**ern

- Verbinde die Wörter einer Wortfamilie.
- Unterstreiche jeweils den Wortstamm.

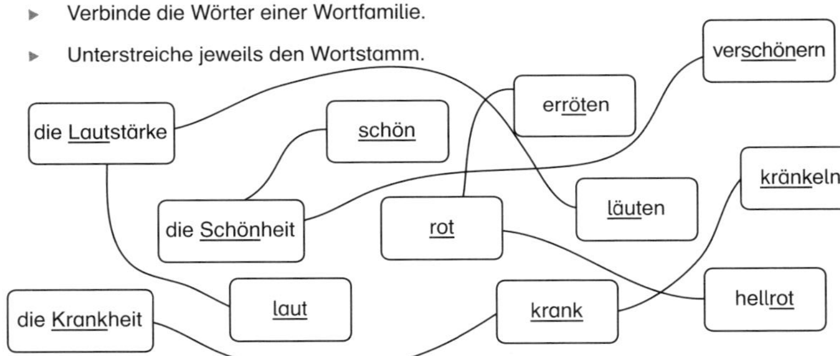




© Verlag an der Ruhr | Autorinnen: Claudia Haertlmayr, Sabine Schubart
ISBN 978-3-8346-2802-2 | www.verlagruhr.de

## Adjektive

**6.** Adjektive kannst du verändern.
Beschreibungen werden dann besonders lebendig.
**Verbinde die Adjektive mit passenden Ergänzungen.**
**Schreibe die zusammengesetzten Adjektive auf.**

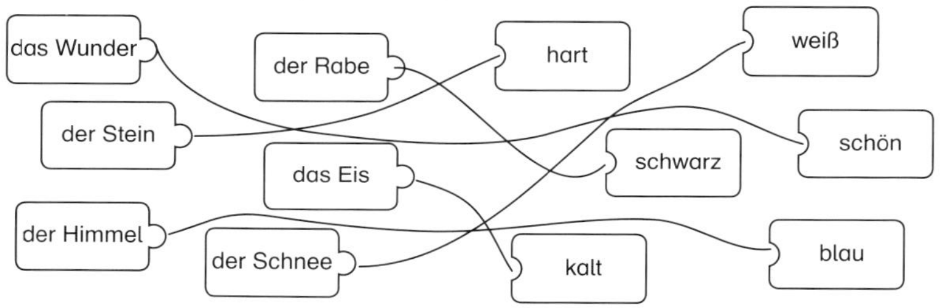


*rabenschwarz, wunderschön, steinhart, himmelblau, schneeweiß, eiskalt*

**7. Markiere alle wichtigen Wörter aus der Tabelle von Seite 24 in diesem Text.**

**Maltes neues Zimmer**

Meine Eltern sind nicht reich. Trotzdem durfte ich mir mein kleines, enges Zimmer schön einrichten. Mein Regal ist hoch. Ein schweres Sofa habe ich auch. Die Wände sind gelb. Der Schreibtisch ist schwarz und der Stuhl rot. Gern möchte ich noch feine grüne Vorhänge. „Bei so viel Farbe bekommt man ja kranke Augen!“, seufzt Mama laut. Sie hätte gern weniger verschiedene Farben. Aber ich finde mein Zimmer gut. (71 Wörter)

**8. Suche dir einen Partner. Überlegt, wie ihr Maltes Zimmer noch genauer beschreiben könnt. Verändert dazu die Adjektive, die ihr in Aufgabe 7 markiert habt. Schreibt euren Text auf.**
**Beispiel:** Maltes nagelneues Zimmer **oder** Maltes neues, buntes Zimmer

**9. Trefft euch mit euren Heften in einer Kleingruppe.**
**Vergleicht einige Sätze von Aufgabe 8.**
**Habt ihr unterschiedliche Möglichkeiten gefunden?**

# Gemischte Wortarten

| Aufgabe: | ⚠ | 1 | 2 | 3 | 4 | 5 | 6 | 7 | 8 | 9 | | | | |
|---|---|---|---|---|---|---|---|---|---|---|---|---|---|---|
| erledigt: | | | | | | | | | | | | | | |
| überarbeitet: | | | | | | | | | | | | | | |

Auf den Seiten 92–95 findest du Zusatzangebote.

### Das muss ich als Rechtschreib-Profi wissen:

**Markiere die für dich wichtigen Wörter.**

Es gibt Nomen, Verben, Adjektive und sonstige Wörter. Nomen schreibe ich groß. Fast alle anderen Wörter werden kleingeschrieben, außer am Satzanfang. Sonstige Wörter sind Wörter, die keine Nomen, Verben oder Adjektive sind. Beispiele: oft, plötzlich, neben, fünf, hundert, ja, nicht

### Jetzt wird entdeckt, geforscht, geübt …

**1. Diese Wörter sind alle großgeschrieben.**
**Schreibe sie in die Tabelle. Denke an die Groß- und Kleinschreibung.**
**Ein Partner kontrolliert mit der Wichtige-Wörter-Liste ab Seite 86.**

| | | | |
|---|---|---|---|
| SALZ | OMA | NICHT | SCHENKEN |
| SCHAF | SOFORT | MERKEN | BLAU |
| TUN | WOLF | WOLKE | GESTERN |
| KLEIN | OFT | ANTWORTEN | OBEN |
| RAUPE | LANG | WURZEL | PFLANZE |

Wichtige Wörter

| | | | |
|---|---|---|---|
| Salz | Oma | nicht | schenken |
| Schaf | sofort | merken | blau |
| tun | Wolf | Wolke | gestern |
| klein | oft | antworten | oben |
| Raupe | lang | Wurzel | Pflanze |






ISBN 978-3-8346-2802-2 | www.verlagruhr.de

## Gemischte Wortarten

**2. Trage die Wörter von Aufgabe 1 nach Silben getrennt hier ein. Trenne so, wie du am Zeilenende trennen würdest.**

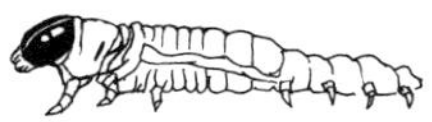

*Salz, Oma, nicht, schen-ken, Schaf, so-fort, mer-ken, blau, tun, Wolf, Wol-ke, ges-tern, klein, oft, ant-wor-ten, oben, Rau-pe, lang, Wur-zel, Pflan-ze*

**3. Sortiere jetzt die Wörter aus Aufgabe 2 nach Wortarten. Schreibe Nomen blau, Verben rot, Adjektive grün und sonstige Wörter schwarz.**

| Nomen | Verben | sonstige Wörter |
|---|---|---|
| *das Salz* | *schenken* | *nicht* |
| *die Oma* | *merken* | *sofort* |
| *das Schaf* | *tun* | *gestern* |
| *der Wolf* | *antworten* | *oft* |
| *die Wolke* | **Adjektive** | *oben* |
| *die Raupe* | *blau* | |
| *die Wurzel* | *klein* | |
| *die Pflanze* | *lang* | |

**4. In diesem Text stecken 16 wichtige Wörter von Seite 27. Markiere sie.**

**Mit Oma im Zoo**

Oma schenkt Pia einen Tag im Zoo. Der Himmel ist blau und nicht eine Wolke ist zu sehen. Oma fragt: „Was möchtest du zuerst tun?“ „Ich möchte den Wolf sehen“, antwortet Pia sofort. Danach schauen sie lange die Schafe an. Diese fressen Pflanzen und lecken Salz. Oma und Pia sehen noch viele Tiere. Mama fragt Pia daheim, welches Tier sie besonders schön fand. „Eine kleine Raupe, sie war oben auf einer Wurzel“, sagt Pia. Mama lacht: „Die findest du doch auch oft im Garten!“ .

(88 Wörter)





## Gemischte Wortarten

Seite 94

**5. Arbeite mit dem Text aus Aufgabe 4. Entscheide dich für eine der Aufgaben und male aus, wie du übst.**

| Ich schreibe ihn ab. | Ich lasse ihn mir diktieren und schreibe Holistri. | Ich schreibe in der Schreibstaffel. | Ich schreibe ein Würfeldiktat. |
|---|---|---|---|

**6. Die Wörter einer Wortart haben manchmal bestimmte Merkmale gemeinsam. Immer vier Wörter haben hier ein Merkmal gemeinsam. Unterstreiche die Gemeinsamkeiten in der gleichen Farbe.**
**Tipp:** Achte auf die Wortenden!

| | | |
|---|---|---|
| staub<u>ig</u> ❶ | gift<u>ig</u> ❶ | die Klug<u>heit</u> ❷ |
| die Krank<u>heit</u> ❷ | höf<u>lich</u> ❸ | die Gesund<u>heit</u> ❷ |
| heim<u>lich</u> ❸ | die Frei<u>heit</u> ❷ | freund<u>lich</u> ❸ |
| wolk<u>ig</u> ❶ | gefähr<u>lich</u> ❸ | neugier<u>ig</u> ❶ |

**7. Finde einen Lernpartner, der auch Aufgabe 6 gemacht hat. Vergleicht eure Ergebnisse. Überlegt leise mündlich: Was fällt euch auf? Achtet besonders auf die Wortarten.**

**8. Findet zwei weitere Kinder, die Aufgabe 6 gemacht haben. Diskutiert, was euch aufgefallen ist. Vervollständigt dann gemeinsam die Sätze.**
Jeder schreibt in sein Arbeitsheft.

Die gemeinsamen Merkmale findet man am *Ende* der Wörter.

Die Wörter mit den Endungen *-ig* und *-lich* sind Adjektive.

Die Wörter mit der Endung *-heit* sind Nomen.

Die Nomen aus Aufgabe 6 haben alle den Artikel *die* .

**9. Wie sicher erkennst du die Wortarten in einem Text? Kreuze an und mache die passende Übung.**

| ☐ ☺ gut | ☐ 😐 ziemlich gut | ☐ ☹ fällt mir noch schwer |
|---|---|---|
| Schreibe ein Regelplakat oder ein Merkplakat zu den Wortarten. | Schreibe aus dem Text aus Aufgabe 4 zehn Nomen, zehn Verben und drei Adjektive heraus. | Trage in der Wichtige-Wörter-Liste ab Seite 86 auf einer Seite die Wortarten ein. |



© Verlag an der Ruhr | Autorinnen: Claudia Haertlmayr, Sabine Schubart
ISBN 978-3-8346-2802-2 | www.verlagruhr.de

# Häufige sonstige Wörter

| Aufgabe: | ⚠ | 1 | 2 | 3 | 4 | 5 | 6 | 7 | 8 | 9 | | | | |
|---|---|---|---|---|---|---|---|---|---|---|---|---|---|---|
| erledigt: | | | | | | | | | | | | | | |
| überarbeitet: | | | | | | | | | | | | | | |

*Auf den Seiten 92–95 findest du Zusatzangebote.*

**Das muss ich als Rechtschreib-Profi wissen:**

**Kreuze an, was richtig ist.**

Häufige Wörter werden
- ☒ sehr oft benutzt.
- ☐ selten benutzt.

Häufige Wörter
- ☐ brauche ich mir nicht zu merken.
- ☒ sollte ich mir merken.

**Jetzt wird entdeckt, geforscht, geübt …**

1. **Suche dir einen Partner. Lasse dir die wichtigen Wörter diktieren und trage sie richtig in die Tabelle ein.**

von • ihm • ihn • ihre • ein • kein • den • ihr • mir • mein • dein • dem • seit • im • ob • wie • sein • jede • zur • zum • nur • eine • uns • warum • am • jeden • nichts • ins • in • zu • gegen • gleich • wem • etwas • ab • welche • man • morgen • an • wen • vom •

**Wichtige Wörter**

| 2 Buchstaben | 3 Buchstaben | | | 4 Buchstaben | | 5 und mehr Buchstaben |
|---|---|---|---|---|---|---|
| im | von | ihm | ihn | ihre | kein | warum |
| ob | ein | den | ihr | mein | dein | jeden |
| am | mir | dem | wie | seit | sein | nichts |
| in | zur | zum | nur | jede | eine | gegen |
| zu | uns | ins | wem | | | gleich |
| ab | man | wen | vom | | | etwas |
| an | | | | | | welche |
| | | | | | | morgen |







2. **Markiere deine fehlerhaften Wörter in Aufgabe 1. Verbessere sie.**

3. **Wende die häufigen Wörter im Satz richtig an.**

▸ **Setze ein:** jede, jeder, jedem, jeden

Ich gehe *jeden* Tag zu Fuß in die Schule, und zwar bei *jedem* Wetter. Dabei nutze ich *jede* Gelegenheit, um auf dem Schulweg zu trödeln. *Jeder*, der mich kennt, weiß das!

▸ **Setze ein:** ihm, ihn, ihr, in, im

Jeden Tag sitze ich *im* Klassenzimmer neben Tom.

Ich sitze neben *ihm*, weil ich *ihn* mag.

*In* der Reihe vor mir sitzt Lea.

Neben *ihr* wollte ich nicht sitzen, weil sie mich immer nervt.

▸ **Setze ein:** eine, einem, einen, eines

*Eines* Tages brachte Frau Müller ihren Hund mit in unsere Klasse. Er fraß *einem* Kind *eine* Wurst weg. So *einen* frechen Hund wollen wir nicht in der Klasse haben!

▸ **Setze ein:** dein, ihr, mein, sein

„Ich finde *mein* Heft nicht“, jammert Sarah. „Ich habe *dein* Heft nicht gesehen“, meint Max. Die Lehrerin lässt Sarah *ihr* Heft suchen und sagt: „Jeder muss gut auf *sein* Heft aufpassen.“

4. **Baue alle wichtigen Wörter aus Aufgabe 1 in Sätze ein.**
   **Hake auf Seite 30 ab, was du schon benutzt hast.**
   **Profi-Aufgabe:** Versuche, möglichst wenig Sätze zu bilden.






ISBN 978-3-8346-2802-2 | www.verlagruhr.de

## Häufige sonstige Wörter

**5. Unterstreiche in diesem Text alle Wörter mit dem i-Laut.**

**Geschwister**

Anna hat einen Bruder und eine Schwester. Mit ihrer großen Schwester Nina unternimmt Anna viele Dinge. Sie gehen ins Schwimmbad und Nina hilft Anna in der Schule. Ihren Bruder Tim liebt Anna auch. Er ist erst vier. Anna spielt viel mit ihm. Tim will auch mit in die Schule. Anna fragt ihren Papa: „Darf Tim nicht mal mit mir zur Schule?“ Aber davon will Papa nichts wissen. (68 Wörter)

**6. Schreibe den Text aus Aufgabe 5 ab und ergänze jeden Satz um mindestens zwei Wörter.**

**7. Bei häufigen Wörtern musst du beim Schreiben des i-Lauts aufpassen. Welche Wörter fallen dir ein? Die Wörter auf Seite 30 helfen dir. Trage deine Wörter mit Bleistift hier ein.**

ihm, ihn, ihre, im, ihr, mir, wie, nichts,
in ins, dir, wir, mit, die, nie

Beispiele

**8. Suche dir einen Partner. Findet gemeinsam weitere kurze, häufige Wörter mit i. Tragt sie mit blauer Farbe bei Aufgabe 7 ein.**

**9. Findet zwei weitere Kinder. Schreibt für einige der Wörter einen eigenen Merksatz.**
**Beispiel:** Ihm und ihr und ihn mit h, das ist uns doch allen klar.

Jn in und im ist kein h drin.



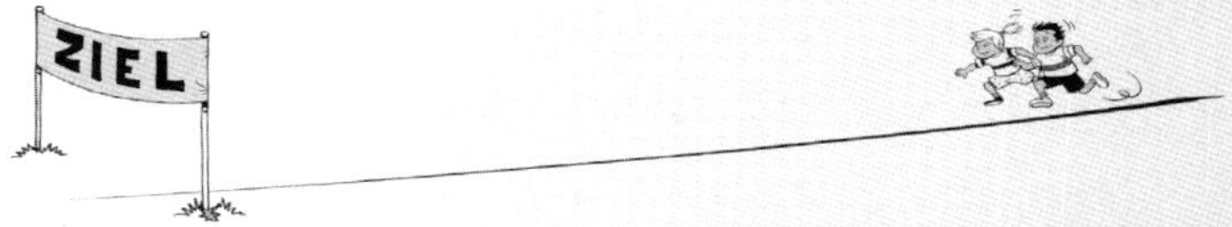


## Gemischte Wortarten

**Test**

**1. Opa Richard hat beim Schreiben mit dem Handy Probleme bei der Groß- und Kleinschreibung. Markiere den Fehler in jedem Satz.**

Oma fährt diese woche nach München.
Ich Freue mich auch.
Ich wünsche euch eine Schöne Reise.
Hoffentlich Hält das Wetter.
Ich komme zu spät zum bahnhof.
Danke für die hilfe.
Das kann ich Nicht verstehen.
Pia, gehst du mit Mir auch einmal in den Zoo?
Hallo oma, wann kommst du?
laute Musik finde ich gut.

Für jeden gefundenen Fehler bekommst du ½ **Punkt**. /5

**2. Hier findest du Nomen, Verben, Adjektive und sonstige Wörter. Unterstreiche die Nomen blau, die Verben rot und die Adjektive grün. Die sonstigen Wörter unterstreichst du schwarz.**

| | | | |
|---|---|---|---|
| ZIRKUS ❶ | LERNEN ❷ | FRAGEN ❷ | DROMEDAR ❶ |
| GEBEN ❷ | LANGSAM ❹ | FRAU ❶ | HAUSAUFGABE ❶ |
| WINTER ❶ | WO ❸ | TOMATE ❶ | TULPE ❶ |
| PINGUIN ❶ | FISCH ❶ | SICHER ❹ | KLEIN ❹ |
| DER ❸ | ANFANG ❶ | BREIT ❹ | SCHÄLEN ❷ |
| IHN ❸ | TRAUM ❶ | ANSAGEN ❷ | GENAU ❸ |
| TRINKEN ❷ | KRAN ❶ | MEIN ❸ | FROSCH ❶ |
| RADIO ❶ | FLASCHE ❶ | KAMERA ❶ | ALT ❹ |

Insgesamt gibt es **10 Punkte**. Ziehe für jeden Fehler einen ½ **Punkt** ab. /10




ISBN 978-3-8346-2802-2 | www.verlagruhr.de

**Test**

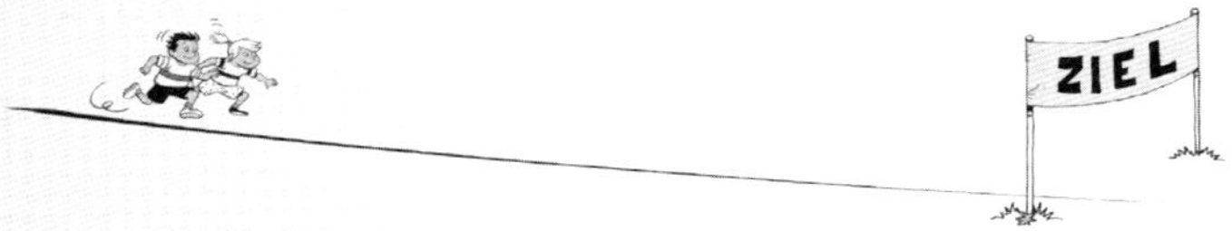


# Gemischte Wortarten

**3. Fülle die Lücken. Ein Wort passt nicht. Markiere es.**

Artikel, Gegenteil, groß, klein, Mehrzahl

Verben und Adjektive schreibe ich *klein*. Nomen können einen *Artikel* haben, zum Beispiel der, die, das. Nomen können außerdem in der *Mehrzahl* stehen. Nomen schreibe ich immer *groß*.

Gib dir **1 Punkt** für jedes richtige Wort. /4

**4. In diese von dir noch nicht geübten Wörter haben sich Fehler eingeschlichen. Verbessere jeden Fehler und begründe.**

- Sparsam → *sparsam*,
  weil *es ein Adjektiv ist*.
- fensterbank → *Fensterbank*,
  weil *weil es ein Nomen ist*.
- Schlecht → *schlecht*,
  weil *weil es ein Adjektiv ist*.
- TaschenLampe → *Taschenlampe*,
  weil *man im Wort keine Großbuchstaben schreibt*.
- Mögen → *mögen*,
  weil *es ein Verb ist*.

½ **Punkt** für das richtige Wort, ½ **Punkt** für die richtige Begründung. /4

Von **23 Punkten** habe ich ☐ erreicht! Meine Fehler habe ich verbessert.
So zufrieden bin ich: ☺ 😐 ☹
Ich muss noch Aufgaben üben wie Nummer ☐ 1, ☐ 2, ☐ 3, ☐ 4.

# Konsonantenverdoppelung – Teil 1

| Aufgabe: | ⚠ | 1 | 2 | 3 | 4 | 5 | 6 | 7 | 8 | 9 | 10 | | | |
|---|---|---|---|---|---|---|---|---|---|---|---|---|---|---|
| erledigt: | | | | | | | | | | | | | | |
| überarbeitet: | | | | | | | | | | | | | | |

*Auf den Seiten 92–95 findest du Zusatzangebote.*

**Das muss ich als Rechtschreib-Profi wissen:**

**Oskar soll die Karten ordnen.
Hilf ihm und schreibe den Satz richtig auf.**

Ein Doppelkonsonant | steht | nach einem | kurz gesprochenen Vokal | in den meisten Fällen

*Ein Doppelkonsonant steht in den meisten Fällen nach einem kurz gesprochenen Vokal.*

**Jetzt wird entdeckt, geforscht, geübt …**

**1. Einige Buchstaben sind Konsonanten, andere sind Vokale. Markiere die fünf Vokale rot und die Konsonanten hellblau.**

| A | B | C | D | E | F | G | H | I | J | K | L | M | N | O | P | Q | R | S | T | U | V | W | X | Y | Z |
|---|---|---|---|---|---|---|---|---|---|---|---|---|---|---|---|---|---|---|---|---|---|---|---|---|---|

**2. Finde zu einigen Doppelkonsonanten Beispiele im Wörterbuch.** *Beispiele*

| | |
|---|---|
| bb | *knabbern, schrubben* |
| ff | *Affe, Koffer* |
| ll | *rollen, wollen* |
| mm | *schwimmen, kommen* |

| | |
|---|---|
| nn | *rennen, brennen* |
| rr | *Pfarrer, zerren* |
| ss | *Klasse, wissen* |
| tt | *bitten, Mitte* |

**3. Vergleiche mit einem Partner. Findet gemeinsam zu je fünf eurer Wörter Verwandte aus der gleichen Wortfamilie.**
**Beispiel:** der Affe, das Affenhaus, affig, nachäffen






ISBN 978-3-8346-2802-2 | www.verlagruhr.de

## Konsonantenverdoppelung – Teil 1

**4. Diese wichtigen Wörter haben alle einen Doppelkonsonanten. Setze die richtigen Doppelkonsonanten ein. Verwende hier aber kein ss.** Wichtige Wörter

| | | | |
|---|---|---|---|
| fa *ll* en | schli *mm* | der Hi *mm* el | da *nn* |
| kö *nn* en | der So *mm* er | du *mm* | der Fü *ll* er |
| schwi *mm* en | die So *nn* e | wo *ll* en | we *nn* |
| schne *ll* | wa *nn* | der Mi *tt* ag | der Ma *nn* |

**5. Ergänze. Arbeite dabei mit den Wörtern von Aufgabe 4.**

In diesen Wörtern höre ich einen **kurzen o-Laut** vor dem Doppelkonsonanten.

| | | |
|---|---|---|
| *Sommer* | *Sonne* | *wollen* |

In diesen Wörtern höre ich einen **kurzen e-Laut** vor dem Doppelkonsonanten.

| | |
|---|---|
| *wenn* | *schnell* |

In diesen Wörtern höre ich einen **kurzen a-Laut** vor dem Doppelkonsonanten.

| | | | |
|---|---|---|---|
| *fallen* | *dann* | *wann* | *Mann* |

In diesen Wörtern höre ich einen **kurzen i-Laut** vor dem Doppelkonsonanten.

| | | | |
|---|---|---|---|
| *schlimm* | *Himmel* | *schwimmen* | *Mittag* |

**6. Suche dir einen Partner. Sprecht euch die Wörter vor und hört auf den betonten Vokal. Er ist in den Wörtern fett markiert. Kennzeichnet den langen Vokal mit einem – und den kurzen Vokal mit einem •. Tragt die Wörter in die Tabelle ein.**

lesen rasen dumm Nagel komisch Dogge Mitte Brille

| langer Vokal | kurzer Vokal |
|---|---|
| *lesen* | *dumm* |
| *rasen* | *Dogge* |
| *Nagel* | *Mitte* |
| *komisch* | *Brille* |

**7. Lest die Tabelle aus Aufgabe 6 laut und achtet auf die doppelten Konsonanten. Was fällt euch auf?**

Uns fällt auf, dass *die doppelten Konsonanten immer nach einem kurzen Vokal stehen.*





## Konsonantenverdoppelung – Teil 1

**8. Wenn ein Wort in der Grundform einen Doppelkonsonanten hat, behalten meist auch die Verwandten den Doppelkonsonanten. Fülle die Lücken.**

bellen → Der Hund *bellt* heute, gestern *bellte* er nicht.

schwimmen → Gestern *schwammen* wir um die Wette.

schnell → Beim Wettlauf war Matteo *schneller* als ich!

Celina war am *schnellsten*.

der Mann → In diesem Chor singen keine Frauen, sondern nur *Männer*.

können → Du *kannst* das schon gut.

**9. In diesem Text sind alle Doppelkonsonanten aus den wichtigen Wörtern verschwunden. Setze einen farbigen Punkt unter alle Konsonanten, die verdoppelt werden müssen. Die Zahl hinter dem Satz sagt dir, wie viele Wörter du finden kannst. Schreibe alle Wörter mit Punkt richtig ab.**

**Im Schwimbad ❶**

Im Somer steht am Mitag die Sone hoch am Himel ❹. Dan wolen viele Menschen gern schwimen gehen ❸. Mäner, Frauen und Kinder könen es kaum erwarten, schnel ins kalte Becken zu springen ❸. David sagt: „Wen zu viele Personen im Schwimbad sind, finde ich schwimen schlim.“ ❹ Aber David ist nicht dum ❶. Er schwimt dan im Herbst im Außenbecken, wen es kalt ist und sich sonst niemand hineintraut ❸. (67 Wörter)

**10. Führe ein Lerngespräch. Die Anleitung dazu findest du auf Seite 95.**

**Meine persönlichen Übungswörter:**

| | | | |
|---|---|---|---|
| | | | |
| | | | |



© Verlag an der Ruhr | Autorinnen: Claudia Haertlmayr, Sabine Schubart
ISBN 978-3-8346-2802-2 | www.verlagruhr.de

# Konsonantenverdoppelung – Teil 2

| Aufgabe: | ⚠ | 1 | 2 | 3 | 4 | 5 | 6 | 7 | 8 | | | | |
|---|---|---|---|---|---|---|---|---|---|---|---|---|---|
| erledigt: | | | | | | | | | | | | | |
| überarbeitet: | | | | | | | | | | | | | |

*Auf den Seiten 92–95 findest du Zusatzangebote.*

**Das muss ich als Rechtschreib-Profi wissen:**

**Diskutiere mit einem Partner, was richtig ist. Kreuzt dann an.**

Einen Doppelkonsonanten kann ich auch hörbar machen.
Dazu zerlege ich das Wort in
☐ einzelne Buchstaben. ☒ einzelne Silben. ☐ einzelne Wörter.

**Jetzt wird entdeckt, geforscht, geübt …**

**1. Ergänze die passenden Doppelkonsonanten.**
**Setze einen Punkt unter den kurzen Vokal davor.**

Wichtige Wörter

| | | | |
|---|---|---|---|
| re nn en | so ll en | mü ss en | das Wa ss er |
| ko mm en | la ss en | i mm er | ro ll en |
| verge ss en | e ss en | zusa mm en | das Zi mm er |
| ste ll en | die Kla ss e | vo ll | die Mu tt er |
| | | | |
| | | | |
| | | | |

**2. Ergänze die Tabelle oben mit eigenen Wörtern mit Doppelkonsonanten, die für dich wichtig sind.**

Konsonantenverdoppelung – Teil 2

**3. In diesem Text findest du Wörter mit Doppelkonsonanten.**
**Markiere sie farbig.**

Damit wir gut zusammen lernen können, haben wir uns in unserer Klasse Regeln überlegt. Wir müssen uns alle daran halten. Hier sind einige: Wenn wir in der Gruppe arbeiten, sollen wir flüstern. Wir gehen nett miteinander um und lassen alle ausreden. Wir kommen schnell aus der Pause ins Klassenzimmer, aber ohne zu rennen. Wir essen nur in der Pause, Wasser dürfen wir aber immer trinken. Wer die Hausaufgaben vergisst, muss sie am nächsten Tag von alleine unserem Lehrer zeigen. Und wie ist es bei euch? (85 Wörter)

**4. Arbeite mit dem Text aus Aufgabe 3.**
**Entscheide dich für eine der Aufgaben und male aus, wie du übst.**

| | | | |
|---|---|---|---|
| Ich schreibe ihn ab. | Ich schreibe ein Schleichdiktat. | Mein Lernpartner diktiert mir den Text und umgekehrt. | Schreibe auf, welche Klassenregeln du wichtig findest. |

**5. Wenn du nicht weißt, ob ein Verb mit Doppelkonsonant geschrieben wird, kann dir dieser Trick helfen: Bilde die Grundform und sprich in Silben.**
**Lies die Sätze. Schreibe nun die Grundform in Silben auf.**
**Fülle dann erst die Lücken.**

| Doppelkonsonant oder nicht? | Grundform des Verbs |
|---|---|
| Ich mu ss te heute im Bett bleiben. | müs-sen |
| Denn ich hu s tete stark. | hus-ten |
| Mama ste ll te mir Tee hin. | stel-len |
| Den so ll te ich trinken. | sol-len |
| Dann scha l tete sie das Licht aus. | schal-ten |
| Morgen lä ss t sie mich in die Schule. | las-sen |






ISBN 978-3-8346-2802-2 | www.verlagruhr.de

## Konsonantenverdoppelung – Teil 2

**6. Sprich dir einige wichtige Wörter von Aufgabe 1 in Silben vor.**
**Fülle dann die Lücken mit diesen Wörtern:** beiden, kurz, offen, geschlossen.
**Achtung: Ein Wort bleibt übrig!**

Die betonte Silbe ist immer *geschlossen*.

Der Vokal darin klingt *kurz*.

Den Konsonant höre ich beim Sprechen in *beiden* Silben.

**7. Welches Wort passt nicht? Streiche es durch und begründe.**
**Setze die richtigen Buchstaben ein.**

die Na ~~s~~ e ◆ e *ss* en ◆ be *ss* er ◆ die Kla *ss* e

*Das a in Nase ist ein lang gesprochener Vokal.*

*Deshalb kommt danach kein Doppelkonsonant.*

**8. Wörter mit Doppelkonsonanten sind nicht einfach.**
**Es gibt ganz verschiedene Möglichkeiten, sie zu lernen.**
**Kreuze an, wie du sie gut lernen kannst.**

- ☐ Ich schreibe die Wörter mehrmals ab, zum Beispiel in einer Lernwörter-Kartei.
- ☐ Ich sage mir die Wörter mit ihren schwierigen Stellen vor, zum Beispiel: „rollen, mit zwei l“.
- ☐ Ich spreche das Wort in Silben, zum Beispiel: „Af-fe“.
- ☐ Ich höre besonders auf den Vokal in der betonten Silbe, denn nach einem langen Vokal kommt fast nie ein Doppelkonsonant.
- ☐ Ich weiß eine andere Möglichkeit, nämlich:

**Meine persönlichen Übungswörter:**

| | | | |
|---|---|---|---|
| | | | |
| | | | |



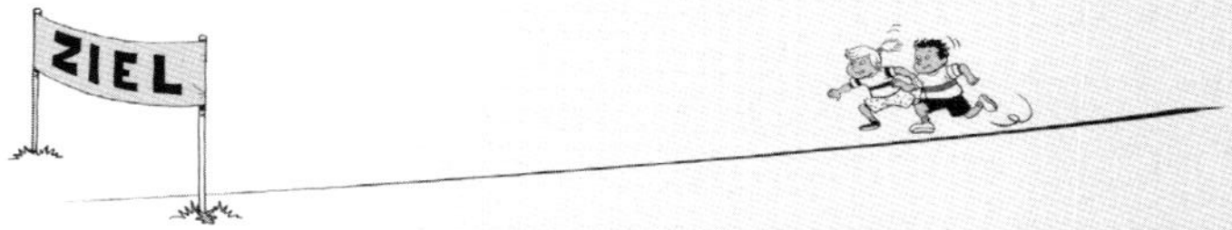



# Test

## Wörter mit Doppelkonsonanten

**1. Erinnere dich an die wichtigen Wörter mit Doppelkonsonanten und finde dann auswendig die Wörter. In den Kästen findest du eine Hilfe.**

| | | | |
|---|---|---|---|
| ... reimt sich auf Krallen<br>**f** *allen* | der Ball kann es<br>**r** *ollen* | ... und Hölle<br>**H** *immel* | ... und wann<br>**d** *ann* |
| wir müssen nicht, wir ...<br>**k** *önnen* | ... und Winter<br>**S** *ommer* | nicht leer, sondern ...<br>**v** *oll* | damit schreibst du<br>**F** *üller* |
| ich gehe in die dritte<br>**K** *lasse* | ... und Wolken<br>**S** *onne* | Vater und ...<br>**M** *utter* | Erde, Feuer, Luft, ...<br>**W** *asser* |
| ein Raum im Haus<br>**Z** *immer* | ... kommst du?<br>**W** *ann* | Frau und ...<br>**M** *ann* | Morgen, ..., Abend<br>**M** *ittag* |
| ..., nicht müssen<br>**w** *ollen* | im Wasser bewegen<br>**s** *chwimmen* | Grundform von muss<br>**m** *üssen* | nicht klug<br>**d** *umm* |
| ... oder langsam<br>**s** *chnell* | schnell laufen<br>**r** *ennen* | Ich habe dich nicht warten ... .<br>**l** *assen* | ... oder erinnern<br>**v** *ergessen* |

½ **Punkt** für jedes richtige Wort. /12

**2. Kreuze richtige Aussagen an und schreibe zwei Beispiele in die Zeile.**
**Verbessere falsche Aussagen, indem du die fett gedruckte Stelle veränderst.**
**Schreibe die Aussagen dann richtig in die Zeile.**

☐ Beim Trennen werden Doppelkonsonanten **nie** getrennt.

*Beim Trennen werden Doppelkonsonanten meistens getrennt.*

☒ Ein Doppelkonsonant steht dann, wenn der Vokal davor **kurz** gesprochen wird.

*fallen, der Himmel* Beispiele

☒ Die Verwandten von Wörtern mit Doppelkonsonant **behalten** meist den Doppelkonsonanten.

*Mann – Männer, schwimmen – schwammen*

**1 Punkt** für jede richtige Entscheidung, **1 Punkt** für die Beispiele/Berichtigung. /6



© Verlag an der Ruhr | Autorinnen: Claudia Haertlmayr, Sabine Schubart
ISBN 978-3-8346-2802-2 | www.verlagruhr.de

# Test

## Wörter mit Doppelkonsonanten

**3. Entscheide, ob ein Doppelkonsonant geschrieben werden muss.**

| l oder ll | s oder ss | r oder rr | g oder gg |
|---|---|---|---|
| wir ro *ll* en | das Ki *ss* en | wir schnu *rr* en | der Ba *gg* er |
| schne *ll* | das Wa *ss* er | der Pfa *rr* er | die Zie *g* e |
| wir fa *ll* en | die Va *s* e | sie füh *r* en | die Fla *gg* e |
| das Ta *l* | wir wi *ss* en | wir ze *rr* en | die Do *gg* e |

| b oder bb | n oder nn | m oder mm | f oder ff |
|---|---|---|---|
| die Kra *bb* e | es ka *nn* | der So *mm* er | der Ko *ff* er |
| die E *bb* e | sie re *nn* t | der Na *m* e | wir kau *f* en |
| wir kna *bb* ern | wir ke *nn* en | wir schlu *mm* ern | sie tre *ff* en |
| wir lo *b* en | der Kö *n* ig | er ko *mm* t | der A *ff* e |

Jeder Fehler ½ **Punkt** Abzug. /8

**4. In jedem Satz ist ein Fehler. Markiere die falschen Wörter. Schreibe den Text dann richtig ab.**

Ich sol heute Spinat essen. Das will ich heute Mitag aber nicht.

Schnell stele ich den Teller unter den Tisch. Leider fällt meine Muter nicht darauf herein.

*Ich soll heute Spinat essen.*
*Das will ich heute Mittag aber nicht.*
*Schnell stelle ich den Teller unter den Tisch.*
*Leider fällt meine Mutter nicht darauf herein.*

Für den richtigen Text gibt es **8 Punkte**, jeder Fehler **1 Punkt** Abzug. /8

Von **34 Punkten** habe ich ☐ erreicht! Meine Fehler habe ich verbessert.
So zufrieden bin ich: ☺ 😐 ☹
Ich muss noch Aufgaben üben wie Nummer ☐ 1, ☐ 2, ☐ 3, ☐ 4.

## Wörter mit ck oder k

| Aufgabe: | ! | 1 | 2 | 3 | 4 | 5 | 6 | 7 | 8 | | | | | |
|---|---|---|---|---|---|---|---|---|---|---|---|---|---|---|
| erledigt: | | | | | | | | | | | | | | |
| überarbeitet: | | | | | | | | | | | | | | |

*Auf den Seiten 92–95 findest du Zusatzangebote.*

Das muss ich als Rechtschreib-Profi wissen:

**Verbinde jeweils die zwei richtigen Satzhälften.**

| | |
|---|---|
| In der deutschen Sprache wird k | einem kurzen Vokal. |
| Es gelten die gleichen Regeln wie bei | in der Regel durch ck verdoppelt. |
| Ein ck steht nur nach | der restlichen Konsonantenverdoppelung. |
| Bei der Trennung bleibt | Paket, Brokkoli, Akku oder Rebekka. |
| Es gibt Ausnahmen, wie | ck zusammen (ba-cken). |

Jetzt wird entdeckt, geforscht, geübt …

**1. Suche dir einen Partner. In der Tabelle stehen wichtige Wörter mit ck und k. Lest sie euch gegenseitig vor.**

Wichtige Wörter

| | | | |
|---|---|---|---|
| verstecken | trinken | die Wolke | der Schreck |
| denken | stark | backen | die Bank |
| das Glück | zurück | merken | glücklich |
| erschrecken | die Schnecke | danken | schenken |






ISBN 978-3-8346-2802-2 | www.verlagruhr.de

## Wörter mit ck oder k

**2. Arbeitet gemeinsam mit der Tabelle aus Aufgabe 1. Jeder schreibt die Wörter in sein Heft ab und arbeitet dort.**

- Markiert k grün.
- Markiert ck rot.
- Markiert den Laut vor k/ck gelb, wenn es ein Vokal ist.
- Schaut euch die gelb markierten Vokale an:
  Kennzeichnet sie mit –, wenn sie lang sind.
  Kennzeichnet sie mit •, wenn sie kurz sind.
- Markiert den Laut vor k/ck grau, wenn es ein Konsonant ist.
- Was fällt euch auf? Besprecht.

**3. Sucht euch nun zwei andere Kinder. Besprecht, was euch aufgefallen ist. Überlegt dann, welche Sätze richtig sind. Malt die Rahmen mit den richtigen Sätzen grün an.**

| | |
|---|---|
| Direkt vor ck steht immer ein kurzer Vokal. | Nach einem Konsonanten steht nie ck. |
| Direkt vor ck steht immer ein Konsonant. | Direkt vor ck steht immer ein langer Vokal. |

**4. Arbeite allein weiter. Schreibe die Wörter aus Aufgabe 1 nun in Silben getrennt in dein Heft. Denke daran: Das ck bleibt beim Trennen zusammen.**

**5. Kleckse über Kleckse! Setze ck oder k ein.**

- Mein Freund hat sich hinter den Büschen verste ck t und mich erschre ck t.
- Ich mer k e sofort, wenn ich glü ck lich bin.
- Zum Glü ck dürfen wir im Unterricht immer Wasser trin k en!
- Paul und Lisa ba ck en Muffins und wollen sie der Oma schen k en.
- Die Schne ck e kriecht langsam über eine Ban k .
- Ich den k e, ich finde allein den Weg zurü ck .

## Wörter mit ck oder k

**6. Arbeite mit den Sätzen aus Aufgabe 5. Entscheide dich für eine der Aufgaben und male aus, wie du übst.**

Seite 94

| | | | |
|---|---|---|---|
| Ich schreibe sie ab. | Ich schreibe sie mit dem Computer ab. | Ich schreibe in der Schreibstaffel. | Ich schreibe ein Schleichdiktat. |

**7. Überlege dir möglichst viele ck-Wörter. Überprüfe sie mit deinem Wörterbuch. Kannst du mit einem Partner die gesamte Tabelle füllen?**

Beispiele

| -cken | -cke | -cker |
|---|---|---|
| backen | Brücke | Acker |
| blicken | Decke | Bäcker |
| bücken | Ecke | Dachdecker |
| drücken | Flocke | Entdecker |
| flicken | Hecke | Hocker |
| glücken | Hocke | lecker |
| hacken | Jacke | locker |
| nicken | Krücke | Wecker |
| packen | Lücke | Zucker |
| pflücken | Mücke | **-ckig** |
| schicken | Schnecke | bockig |
| strecken | Socke | dreckig |
| stricken | Strecke | eckig |
| ticken | Stücke | fleckig |
| wecken | Zecke | zackig |

**8. Führe ein Lerngespräch. Die Anleitung dazu findest du auf Seite 95.**

**Meine persönlichen Übungswörter:**

| | | | |
|---|---|---|---|
| | | | |
| | | | |




ISBN 978-3-8346-2802-2 | www.verlagruhr.de

# Wörter mit tz oder z

| Aufgabe: | ⚠ | 1 | 2 | 3 | 4 | 5 | 6 | 7 | | | | | | |
|---|---|---|---|---|---|---|---|---|---|---|---|---|---|---|
| erledigt: | | | | | | | | | | | | | | |
| überarbeitet: | | | | | | | | | | | | | | |

*Auf den Seiten 92–95 findest du Zusatzangebote.*

**Das muss ich als Rechtschreib-Profi wissen:**

**Fülle die Lücken:** kurzen, Konsonantenverdoppelung, nicht, tz

Das **z** wird in der Regel durch _tz_ verdoppelt. Bei **tz** gelten die gleichen Regeln wie bei der _Konsonantenverdoppelung_. Ein **tz** steht nur nach einem _kurzen_ Vokal. Bei der Trennung bleibt **tz** meist _nicht_ zusammen.

**Jetzt wird entdeckt, geforscht, geübt …**

**1. Finde die 35 Wörter mit tz und z im Text und unterstreiche sie. Markiere den kurzen Vokal vor tz mit einem Punkt.**

Neulich hätte die Katze des Arztes Fritz Mütze fast einen Spatz gefangen. Er badete in einer Pfütze an einem versteckten Platz. Trotzdem fand ihn die Katze. Plötzlich stürzte sie sich mit einem großen Satz auf den Spatz. Das Wasser spritzte, aber die Katze war zu kurz gesprungen. Der Spatz konnte ganz knapp entkommen. Er flüchtete zwischen die Pflanzen im Garten. Die Katze hetzte hinterher. Das fand Fritz Mütze nicht witzig. Er nahm ein Netz und warf es über die Katze, um den Spatz zu schützen. Nun muss die Katze auf ihrem Platz hinter dem Fenster sitzen und den Spatz durch die Scheibe beobachten. (103 Wörter)

**2. Arbeite mit dem Text aus Aufgabe 1. Entscheide dich für eine der Aufgaben und male aus, wie du übst.**

| Ich schreibe ihn ab. | Ich schreibe ihn in Holistri. | Ich verlängere jeden Satz um zwei Wörter. | Ich stelle einige Sätze um und schreibe sie auf. |
|---|---|---|---|







**3. Wenn du das Wort in Silben zerlegst, kannst du tz hören. Einsilbige Wörter wie hier musst du zuerst verlängern und in passende zweisilbige Wörter verwandeln.**

| einsilbig | verlängert und zweisilbig | in Silben und deshalb hörbar |
|---|---|---|
| der Spatz | die Spatzen | die Spat-zen |
| das Netz | die Netze | die Net-ze |
| der Platz | die Plätze | die Plät-ze |
| der Satz | die Sätze | die Sät-ze |
| der Schatz | die Schätze | di Schät-ze |
| der Blitz | die Blitze | die Blit-ze |
| der Witz | die Witze | die Wit-ze |
| der Sitz | die Sitze | die Sit-ze |
| der Schutz | schützen | schüt-zen |

**4. Höre den Unterschied. Diese Wörter werden nicht mit tz geschrieben.**

| einsilbig | verlängert und zweisilbig | in Silben und deshalb hörbar |
|---|---|---|
| das Salz | salzig | sal-zig |
| ganz | ganze | gan-ze |
| der Pilz | die Pilze | die Pil-ze |
| kurz | kürzer | kür-zer |
| der Schmerz | die Schmerzen | die Schmer-zen |
| das Herz | die Herzen | die Her-zen |
| das Holz | hölzern | höl-zern |






ISBN 978-3-8346-2802-2 | www.verlagruhr.de

Wörter mit tz oder z

5. **Setze tz oder z in die wichtigen Wörter ein. Die Regel und der Text aus Aufgabe 1 helfen dir. Es sind fünf Wörter mit z und elf Wörter mit tz. Kontrolliere.**

Wichtige Wörter

| | | | |
|---|---|---|---|
| der Ar z t | die Wur z el | zule tz t | schü tz en |
| der Sa tz | das Her z | die Pfü tz e | se tz en |
| kur z | plö tz lich | die Ka tz e | gan z |
| der Pla tz | tro tz dem | si tz en | der Wi tz |

6. **Arbeite mit den wichtigen Wörtern aus Aufgabe 5.**
- Kennzeichne z grün. ☒ erledigt
- Kennzeichne tz rot. ☒ erledigt
- Markiere den Laut vor tz/z gelb, wenn es ein Vokal ist. ☒ erledigt
- Markiere den Laut vor tz/z grau, wenn es ein Konsonant ist. ☒ erledigt
- Was fällt dir auf? Besprich dich mit einem Partner. ☒ erledigt

7. **Forsche mit deinem Wörterbuch. Welche tz-Wörter findest du noch? Trage sie hier ein. Lasse dich von einem Lernpartner kontrollieren.**

die Hitze, kritzeln, das Netz, hetzen, witzig, kitzeln, nützlich, spritzig, spritzen,
die Ritze, spitzen, der Spitzer, die Spitze, nützen, flitzen, petzen

Beispiele

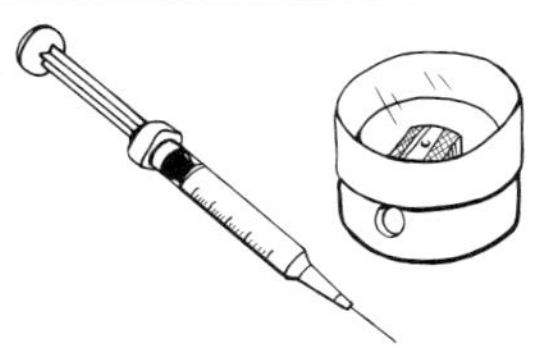

**Kontrolliert** von: ______

**Meine persönlichen Übungswörter:**

| | | | |
|---|---|---|---|
| | | | |
| | | | |



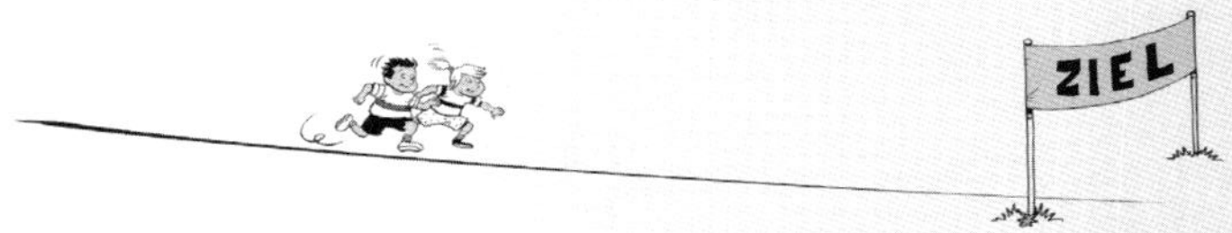

# Wörter mit ck, tz

**Test**

1. **Erinnere dich an wichtige Wörter mit ck/k oder tz/z. Schreibe so viele wichtige Wörter wie möglich auswendig und richtig auf.**

Beispiele

| | | | |
|---|---|---|---|
| verstecken | das Glück | schützen | die Katze |
| der Schreck | zurück | setzen | der Platz |
| die Schnecke | glücklich | der Witz | plötzlich |
| erschrecken | der Satz | die Pfütze | trotzdem |

Gib dir für jedes richtige Wort ½ **Punkt**. /8

2. **Kreuze richtige Aussagen an und finde zwei Beispiele. Berichtige falsche Aussagen, indem du die fett gedruckte Stelle veränderst. Schreibe die Aussagen dann richtig in die Zeile.**

☒ Wird z verdoppelt, schreibst du in der Regel **tz**.
der Witz, die Pfütze

☒ Wird k verdoppelt, schreibst du in der Regel **ck**.
die Schnecke, erschrecken

Beispiele

☐ Vor ck und tz klingt der **Konsonant** kurz.
Vor ck und tz klingt der Vokal kurz.

☒ Beim Trennen **bleibt** ck in der Regel **zusammen**.
De-cke, Schne-cke

☐ Beim Trennen **bleibt** tz in der Regel **zusammen**.
Beim Trennen wird tz in der Regel getrennt.

**1 Punkt** für jede richtige Entscheidung, **1 Punkt** für Beispiele/Berichtigung. /10




ISBN 978-3-8346-2802-2 | www.verlagruhr.de

**Test**

# Wörter mit ck, tz

**3. Entscheide, was richtig ist. Achtung, du hast viele dieser Wörter nicht geübt.**

| ck oder k? | | tz oder z? | |
|---|---|---|---|
| das Geschen k | der Pun k t | die Hi tz e | kur z |
| der Bä ck er | der Schran k | der Schmu tz | das Her z |
| wa ck eln | drü ck en | tro tz ig | das Hol z |
| par k en | der Ha k en | der Me tz ger | der Wei z en |

Gib dir für jede richtige Entscheidung ½ **Punkt**. /8

**4. Schreibe die Wörter getrennt darunter.**

| erschrecken | verstecken | die Socke |
|---|---|---|
| er-schre-cken | ver-ste-cken | die So-cke |

| die Sätze | sitzen | die Katze |
|---|---|---|
| die Sät-ze | sit-zen | die Kat-ze |

| nützen | backen | plötzlich |
|---|---|---|
| nüt-zen | ba-cken | plötz-lich |

| die Pflanze | schenken | dreckig |
|---|---|---|
| die Pflan-ze | schen-ken | dre-ckig |

Insgesamt gibt es **4 Punkte**. Ziehe für jeden Fehler einen ½ **Punkt** ab. /4

Von **30 Punkten** habe ich ☐ erreicht! Meine Fehler habe ich verbessert.
So zufrieden bin ich: ☺ 😐 ☹
Ich muss noch Aufgaben üben wie Nummer ☐ 1, ☐ 2, ☐ 3, ☐ 4.

# Auslautverhärtung d/t

| Aufgabe: | ⚠ | 1 | 2 | 3 | 4 | 5 | 6 | 7 | 8 | | | | |
|---|---|---|---|---|---|---|---|---|---|---|---|---|---|
| erledigt: | | | | | | | | | | | | | |
| überarbeitet: | | | | | | | | | | | | | |

*Auf den Seiten 92–95 findest du Zusatzangebote.*

## Das muss ich als Rechtschreib-Profi wissen:

**Kreuze den richtigen Baustein an.**
**Streiche falsche Bausteine durch.**

Die Buchstaben **d** und **t** klingen ☒ **sehr ähnlich** ☐ **sehr unterschiedlich** ☐ **gar nicht**.
Ich kann den Unterschied ☐ **fühlbar** ☐ **riechbar** ☒ **hörbar** machen.
Dazu ☒ **verlängere** ☐ **verkürze** ich Wörter oder Silben mit **d** oder **t** am Ende.

## Jetzt wird entdeckt, geforscht, geübt ...

**1. Lies die Wörter und verlängere sie. Schreibe das verlängerte Wort auf. Setze erst dann d oder t ein. Kontrolliere.**

| | | | | | |
|---|---|---|---|---|---|
| gu t | gute | schlech t | schlechter | Saf t | Säfte |
| ers t | erster | Wal d | Wälder | har t | härter |
| wei t | weiter | Pfer d | Pferde | Luf t | Lüfte |
| bun t | bunte | Zei t | Zeiten | frem d | fremde |
| Aben d | Abende | Nach t | Nächte | Gesich t | Gesichter |
| Hun d | Hunde | Lan d | Länder | Kin d | Kinder |
| Gel d | Gelder | al t | älter | Lich t | Lichter |
| Han d | Hände | gesun d | gesunde | run d | runde |
| As t | Äste | leich t | leichter | Klei d | Kleider |





© Verlag an der Ruhr | Autorinnen: Claudia Haertlmayr, Sabine Schubart
ISBN 978-3-8346-2802-2 | www.verlagruhr.de

## Auslautverhärtung d/t

**2. Sortiere die Wörter aus Aufgabe 1 in die Tabellen ein. Schreibe die Nomen mit Artikel. Wenn du richtig sortierst, kommst du mit dem Platz genau aus.**

Wichtige Wörter

**Wörter mit t am Ende:**

| | | | |
|---|---|---|---|
| gut | erst | weit | bunt |
| der Ast | schlecht | die Zeit | die Nacht |
| alt | leicht | der Saft | hart |
| die Luft | das Gesicht | das Licht | |

Wichtige Wörter

**Wörter mit d am Ende:**

| | | | |
|---|---|---|---|
| der Abend | der Hund | das Geld | die Hand |
| der Wald | das Pferd | das Land | gesund |
| fremd | das Kind | rund | das Kleid |

**3. Ergänze auch im Text d oder t. Verlängere im Kopf oder kontrolliere mit dem Wörterbuch, wenn du dir nicht sicher bist.**

Jule versteht sich gut mit ihrem Freund Benni. Benni ist beinahe blind. Er kann nur Licht und Dunkelheit unterscheiden. Am Abend gehen die beiden oft weit über das Feld in den Wald. Benni hat seinen Blindenhund Lupo dabei. Lupo findet leicht den Weg. Er führt Benni sogar, wenn ihm der Ort fremd ist. Benni erzählt Jule, dass er Lupo für kein Geld der Welt hergeben würde. Hoffentlich wird Lupo alt und bleibt lange gesund! (80 Wörter)

Seite 94

**4. Arbeite mit dem Text aus Aufgabe 3. Entscheide dich für eine der Aufgaben und male aus, wie du übst.**

| | | | |
|---|---|---|---|
| Ich schreibe ihn ab. | Ich lasse ihn mir diktieren. | Ich schreibe ein Schleichdiktat. | Ich schreibe ihn ab und verlängere jeden Satz um mindestens zwei Wörter. |





## Auslautverhärtung d/t

**5. Suche dir einen Partner. Lest euch die Sätze durch und markiert bei den Verben den letzten Buchstaben. Was fällt euch auf? Besprecht und notiert.**

- Der Hund bellt laut.
- Mein Freund denkt nach.
- Der Strand leuchtet in der Abendsonne.
- Von Milch wird mir schlecht.
- Das Pferd steht auf der Weide.
- Die Arbeit macht mir Spaß.

Uns fällt auf:
Wird ist ein besonderes Verb.
Normalerweise schreibt man Verben in der 3. Person mit t am Ende.

**6. Arbeitet mit dem Text von Aufgabe 5. Kreuzt die richtige Aussage an.**

- [x] Wenn ich bei einem Verb ein **t** am Ende höre, schreibe ich meist **t**.
- [ ] Wenn ich bei einem Verb ein **t** am Ende höre, schreibe ich fast immer **d**.

**7. Besprich mit deinem Partner oder in der Gruppe: Findet ihr heraus, wann bei Verben am Ende ein t steht? Bei Formen mit ich, du, er/sie/es, wir, ihr, sie?**

**8. Auch bei b/p oder g/k kann man durch die Verlängerung den Unterschied hörbar machen. Verlängere und setze dann ein.**

| b oder p? | verlängert |
|---|---|
| der Dieb | die Diebe |
| er pumpt | pumpen |
| gelb | gelbe |
| der Stab | die Stäbe |
| der Staub | staubig |
| das Kalb | die Kälber |
| lieb | die Liebe |
| sie hupt | hupen |

| g oder k? | verlängert |
|---|---|
| der Flug | die Flüge |
| krank | kranke |
| der Betrug | der Betrüger |
| der Schrank | die Schränke |
| der Tag | die Tage |
| klug | klüger |
| der Berg | die Berge |
| die Bank | die Bänke |

**Meine persönlichen Übungswörter:**

| | | | |
|---|---|---|---|
| | | | |
| | | | |




ISBN 978-3-8346-2802-2 | www.verlagruhr.de

**Test**

# Wörter mit Auslautverhärtung

**Wähle einen zu dir passenden Arbeitsauftrag.**
* leicht  ** mittel  *** schwer

| **Möglichkeit A** * | **Möglichkeit B** ** | **Möglichkeit C** *** |
|---|---|---|
| Ergänze den Lückentext und konzentriere dich auf diese Aufgabe umso mehr. | Ergänze den Lückentext. Schreibe dann den Text richtig ab. | Ergänze den Lückentext. Lasse dir dann den Text von einem Lernpartner diktieren. |

Im Mona*t* Augus*t* ha*t* Tore, der Elefan*t*, großen Durs*t*. Er ha*t* Lus*t*, mit seinem Freun*d*, dem Pfer*d* Winni, an einen Teich zu laufen. Nach kurzer Wanderung tauch*t* Tore seinen Rüssel ins Wasser und trink*t*. „Ah! Das schmeck*t*, weil es schön kal*t* is*t*!“, schwärm*t* der Elefan*t*. Danach frag*t* er, ob sie noch bis zum Aben*d* durch das Lan*d* wandern sollen. „Mir wir*d* das jetz*t* zu bun*t*! Ich will nich*t* so wei*t* laufen. Ich lege mich lieber in den Wal*d*“, jammer*t* das Pfer*d*. „Mi*t* dir kann man ech*t* schlech*t* wandern! Dabei ist das so gesun*d*“, spotte*t* der Elefan*t*. Er plumps*t* ins Gras und gib*t* nicht zu, dass auch er die Ruhe lieb*t* und ihm eine Pause im Schatten sehr gu*t* gefäll*t*. Doch Winni ha*t* ihn längs*t* durchschau*t*. Also drück*t* er auch heute ein Auge zu und leg*t* sich freundlich lächeln*d* in den Schatten. (139 Wörter)

Möglichkeit A: Jede richtig gefüllte Lücke gibt ½ **Punkt**.
Möglichkeit B/C: Es gibt **22 Punkte**, für jeden Fehler wird **1 Punkt** abgezogen. /22

Ich habe Möglichkeit ☐ gewählt.
Von **22 Punkten** habe ich ☐ erreicht! Meine Fehler habe ich verbessert.
So zufrieden bin ich: ☺ 😐 ☹
Ich muss noch Aufgaben üben wie Möglichkeit ☐ A, ☐ B, ☐ C.

# Wörter mit den Umlauten ö und ü

| Aufgabe: | ⚠ | 1 | 2 | 3 | 4 | 5 | 6 | 7 | | | | | | |
|---|---|---|---|---|---|---|---|---|---|---|---|---|---|---|
| erledigt: | | | | | | | | | | | | | | |
| überarbeitet: | | | | | | | | | | | | | | |

*Auf den Seiten 92–95 findest du Zusatzangebote.*

**Das muss ich als Rechtschreib-Profi wissen:**

**Schreibe hier selbst einen Profisatz.**
**Es müssen folgende Wortkarten sortiert werden:**

den Umlauten ö und ü | Verwandte mit o | Wörter mit | können | und u haben.

*Wörter mit den Umlauten ö und ü können Verwandte mit o und u haben.*

**Jetzt wird entdeckt, geforscht, geübt …**

**1. Hörst du ö oder ü? Ergänze.**

| | | | |
|---|---|---|---|
| b*ö*se | das Gl*ü*ck | der L*ö*we | die Bl*ü*te |
| h*ö*ren | f*ü*r | *ü*ben | gr*ü*n |
| geh*ö*ren | das St*ü*ck | d*ü*rfen | gl*ü*cklich |
| *ü*ber | bl*ü*hen | die T*ü*r | der Fr*ü*hling |

**2. Finde bei diesen Wörtern Verwandte mit o und u.**

| die Vögel | die Flügel | die Größe | die Züge |
|---|---|---|---|
| *der Vogel* | *der Flug* | *groß* | *der Zug* |

| das Röschen | die Blümchen | die Höhle | die Krüge |
|---|---|---|---|
| *die Rose* | *die Blume* | *hohl* | *der Krug* |






ISBN 978-3-8346-2802-2 | www.verlagruhr.de

## Wörter mit den Umlauten ö und ü

**3. Du kennst sicher noch mehr Wörter mit ö oder ü. Forsche mit dem Wörterbuch. Reime, denke nach und schreibe sie in die Tabelle. Ein Partner kontrolliert.**

| Wörter mit ö | Wörter mit ü |
|---|---|
| größer, die Lösung, | zügeln, die Lüge, |
| höher, stören, | bügeln, der Hügel, |
| die Größe, nörgeln, | der Flügel, das Gefühl, |
| das Döschen, mögen, | die Zügel, würzen, |
| zögern, verwöhnen, | die Schürze, nützlich, |
| die Röhre, blöd, | süß, die Hütte, |
| schwören | flüstern, küssen, |
| | flüssig |

**Kontrolliert** von: ______________

**4. Arbeite weiter mit deinem Partner.**

- Verbindet die Wort-Paare, die zu einer Wortfamilie gehören.
- Schaut euch die Paare genau an und überlegt: Welche Verwandten haben ein o und welche ein ö? Erkennt ihr Muster oder Regeln?

| | |
|---|---|
| die Krone | das Döschen |
| der Vogel | das Vögelchen |
| die Dose | das Krönchen |
| der Ton | töten |
| tot | tönen |

| | |
|---|---|
| der Koch | die Frösche |
| der Frosch | die Zöpfe |
| der Zopf | die Köche |
| groß | trösten |
| der Trost | die Größe |

Verbindungen (Lösung): die Krone – das Krönchen, der Vogel – das Vögelchen, die Dose – das Döschen, der Ton – tönen, tot – töten; der Koch – die Köche, der Frosch – die Frösche, der Zopf – die Zöpfe, groß – die Größe, der Trost – trösten.

- Sucht ein anderes Team. Erzählt euch, was ihr überlegt habt. Schreibt eure Beobachtungen auf.





## Wörter mit den Umlauten ö und ü

**5. Du kannst jede Lücke mit einem Umlaut füllen. Setze ö oder ü ein.**

Mein Name ist Samir. Im Fr_ü_hling hatte ich Geburtstag. Ich durfte mir etwas w_ü_nschen. Ich kaute auf dem F_ü_ller herum und sagte: „Ich will einmal auf dem R_ü_cken eines Elefanten reiten.“ Mama meinte: „Willst du dir das nicht noch einmal _ü_berlegen? Wenn der Elefant mit seinem R_ü_ssel an Bl_ü_ten und Blättern r_ü_ttelt, hast du es schwer, dich festzuhalten.“ Aber trotzdem organisierte sie einen Ritt im Zoo f_ü_r mich. Erst war mir _ü_bel und ich wurde gr_ü_n im Gesicht. Aber nachdem wir ein St_ü_ck geritten waren, war ich in _Ü_bung. Nun fand ich es pl_ö_tzlich sch_ö_n. Ich w_ü_nschte, der Elefant w_ü_rde mir geh_ö_ren. Gl_ü_cklich stieg ich ab. Gut, dass Mama auf mich geh_ö_rt hat. (113 Wörter)

**6. Arbeite mit dem Text aus Aufgabe 5. Entscheide dich für eine Aufgabe und male aus, wie du übst.**

| | | | |
|---|---|---|---|
| Ich schreibe ihn ab. | Ich lasse ihn mir diktieren. | Ich verlängere jeden Satz um zwei Wörter. | Ich schreibe eine eigene Geschichte mit vielen ö- und ü-Wörtern. |

**7. In welcher Reihenfolge stehen diese Wörter im Wörterbuch? Nummeriere jede Zeile von 1 bis 3.**

| | | | | | |
|---|---|---|---|---|---|
| 3 | der Löwe | 1 | die Lokomotive | 2 | die Lösung |
| 3 | fünf | 2 | die Füllung | 1 | der Fuchs |
| 3 | der Gärtner | 2 | der Garten | 1 | die Gabel |

**Meine persönlichen Übungswörter:**

| | | | |
|---|---|---|---|
| | | | |
| | | | |



© Verlag an der Ruhr | Autorinnen: Claudia Haertlmayr, Sabine Schubart
ISBN 978-3-8346-2802-2 | www.verlagruhr.de

# Wörter mit dem Umlaut ä

| Aufgabe: | ⚠ | 1 | 2 | 3 | 4 | 5 | 6 | 7 | 8 | | | | | |
|---|---|---|---|---|---|---|---|---|---|---|---|---|---|---|
| erledigt: | | | | | | | | | | | | | | |
| überarbeitet: | | | | | | | | | | | | | | |

Auf den Seiten 92–95 findest du Zusatzangebote.

## Das muss ich als Rechtschreib-Profi wissen:

**Entschlüssle die Geheimschrift. Schreibe richtig auf.**

**Ä** ist wie **ö** und **ü** ein Uluamt. **Ä** knan mchamnal wie **e** kgeinln und so veselchewrt wderen. Wretör mit **ä** haebn oft Vrewadtne mit **a**. Wnen ich nchit schier bin, frosche ich bei den Wrotvrewadtnen.

*Ä ist wie ö und ü ein Umlaut. Ä kann manchmal wie e klingen und so verwechselt werden. Wörter mit ä haben oft Verwandte mit a. Wenn ich nicht sicher bin, forsche ich bei den Wortverwandten.*

## Jetzt wird entdeckt, geforscht, geübt ...

**1. Hier siehst du wichtige Wörter mit ä. Markiere den Umlaut. Ergänze bei Nomen den Artikel.**

Wichtige Wörter

| | | | | | | | |
|---|---|---|---|---|---|---|---|
| *die* | Äpfel | *der* | Bäcker | *der* | Käfer | *das* | Mädchen |
| *die* | Räder | *die* | Bänder | | zählen | *der* | Käfig |
| *die* | Nächte | | stärker | *die* | Äste | | länger |
| *das* | Märchen | *die* | Hände | *die* | Männer | | älter |





Wörter mit dem Umlaut ä

**2. Viele der wichtigen ä-Wörter aus Aufgabe 1 haben a-Verwandte. Trage diese ä-Wörter und einen Wortverwandten mit a hier ein.**
**Achtung:** Zu vier wichtigen Wörtern kannst du keine Verwandten mit a finden.

| ä-Wort | a-Verwandtschaft | ä-Wort | a-Verwandtschaft |
|---|---|---|---|
| *die Äpfel* | *der Apfel* | *die Hände* | *die Hand* |
| *die Räder* | *das Rad* | *zählen* | *die Zahl* |
| *die Nächte* | *die Nacht* | *die Äste* | *der Ast* |
| *der Bäcker* | *backen* | *die Männer* | *der Mann* |
| *die Bänder* | *das Band* | *länger* | *lang* |
| *stärker* | *stark* | *älter* | *alt* |

**3. Hier stehen einige wichtige Wörter mit a, die du schon kennst. Sie haben Verwandte mit ä. Ergänze.**

lassen → er l*ässt*, du *lässt*, sie verl*ässt*
der Saft → die S*äfte*
der Wald → die W*älder*, das W*äld*chen
der Satz → die *Sätze*
das Land → die L*änder*, l*änd*lich, die Bundesl*änder*

**4. Schreibst du ä oder e? Wenn du Verwandte mit a findest, schreibst du ä. Die anderen Wörter werden mit e geschrieben.**

| ä oder e? | Verwandte mit a? |
|---|---|
| die K*ä*lte | *kalt, kaltherzig* |
| die Z*e*lte | *—* |
| h*ä*rter | *hart, steinhart* |
| die *Ä*rzte | *der Arzt, verarzten* |
| die *E*nten | *—* |





© Verlag an der Ruhr | Autorinnen: Claudia Haertlmayr, Sabine Schubart
ISBN 978-3-8346-2802-2 | www.verlagruhr.de

## Wörter mit dem Umlaut ä

5. Gehe noch einmal zurück zur Tabelle mit den wichtigen Wörtern (Seite 58). Markiere die Wörter rot, zu denen du keine Verwandten mit a findest. Trage sie hier ein und merke sie dir gut.

| | | | |
|---|---|---|---|
| *das Märchen* | *der Käfer* | *das Mädchen* | *der Käfig* |

6. Finde und markiere alle Wörter mit ä.

**Mein Urlaub in Asien**

Ich war mit meiner Familie in Thailand, in Asien. Die Nächte waren wärmer als in Deutschland. Mittags lässt man die Arbeit ruhen und arbeitet abends länger. Wir haben Säfte aus frischem Obst getrunken. Auf den Märkten sieht man viele Früchte, aber kaum Äpfel. Zwei ältere Männer haben uns durch die Wälder geführt, wo wir Käfer beobachtet haben. Wir haben mit Rädern einen Ausflug zu einem Tempel gemacht. Dort lebten viele Äffchen. Sie waren nicht in Käfigen, sondern liefen frei herum. Eins klaute einem Mädchen eine Banane aus den Händen. Ich erzähle keine Märchen! (103 Wörter)

7. Arbeite mit dem Text aus Aufgabe 6. Entscheide dich für eine Aufgabe und male aus, wie du übst.

| | | | |
|---|---|---|---|
| Ich schreibe ihn ab. | Ich schreibe ihn mit dem Computer. | Ich schreibe ihn ab und mache ein Dosendiktat daraus. | Ich schreibe 15 Wörter ab und finde zu ihnen Verwandte. |

8. Warst du auch schon einmal in einem anderen Land? Was war anders als zu Hause? Schreibe auf und lies es einem Partner vor.

Meine persönlichen Übungswörter:

| | | | |
|---|---|---|---|
| | | | |
| | | | |

# Test

## Wörter mit Umlauten

1. Lies erst die Tabellen mit den wichtigen Wörtern mit Umlauten auf Seite 55 und 58. Trage dann auswendig die Wörter ein.

| | | | |
|---|---|---|---|
| Papa ist alt, Opa ist … **ä***lter* | Insekt **K***äfer* | ein Geschenk … dich **f***ür* | kein Junge **M***ädchen* |
| Der arme Vogel sitzt im … **K***äfig* | Gegenteil von **kürzer** … *länger* | „1, 2, 3, 4, 5 …“ **z***ählen* | Gegenteil von **traurig** **g***lücklich* |
| nicht müssen, sondern … **d***ürfen* | Mehrzahl von **Apfel** **Ä***pfel* | eine alte Geschichte **M***ärchen* | Mehrzahl von **Hand** **H***ände* |
| Mehrzahl von **Nacht** **N***ächte* | Er stellt Brot her. **B***äcker* | Ein Auto hat vier … **R***äder* | gefährliches Tier **L***öwe* |
| … oder gut **b***öse* | nur noch ein kleines **St***ück* | mit dem Ohr … **h***ören* | eine Blume hat **…nblätter** **B***lüte* |
| Pech und … **G***lück* | Alle … fangen groß an. **S***ätze* | trainieren **ü***ben* | Mehrzahl von **Mann**. **M***änner* |
| Gegenteil von **schwächer** **s***tärker* | Pflanzen tun es. **b***lühen* | Alle sollen dazu … **g***ehören* | Jahreszeit **F***rühling* |

Gib dir für jedes richtige Wort ½ **Punkt**. /14

2. Kreuze richtige Aussagen an und schreibe zwei Beispiele in die Zeile. Verbessere falsche Aussagen, indem du die fett gedruckte Stelle veränderst. Schreibe die Aussagen dann richtig in die Zeile.

X ☐ Viele Wörter mit ä haben Verwandte mit **a**.

*die Äpfel – der Apfel, länger – lang*

X ☐ Wörter mit ö oder ü können Verwandte mit **o** oder **u** haben.

*die Vögel – der Vogel, die Krüge – der Krug* Beispiele

☐ **Alle** Wörter mit a haben in der Mehrzahl ein ä.

*Einige Wörter mit a haben in der Mehrzahl ein ä.*

Jede richtige Entscheidung **1 Punkt**, richtige Beispiele/Berichtigung **1 Punkt**. /6




ISBN 978-3-8346-2802-2 | www.verlagruhr.de

**Test**

# Wörter mit Umlauten

**3. Immer vier Verwandte gehören zusammen.
Schreibe vor verwandte Wörter immer die gleiche Zahl.**

| | | | |
|---|---|---|---|
| 1 träumen | 2 säubern | 3 härter | 4 gläubig |
| 5 jährlich | 6 der Ärger | 7 gefährlich | 5 das Jahr |
| 3 die Härte | 4 der Glaube | 5 das Halbjahr | 2 die Sauberkeit |
| 8 quälen | 7 die Gefahr | 1 der Traum | 8 der Quälgeist |
| 2 die Säuberung | 3 hart | 8 qualvoll | 4 leichtgläubig |
| 6 ärgern | 7 gefährdet | 7 gefahrlos | 8 die Qual |
| 3 das Hartholz | 4 glaubhaft | 2 sauber | 1 das Traumhaus |
| 6 arg | 6 ärgerlich | 1 verträumt | 5 der Jahrmarkt |

Gib dir für jede richtige Wortfamilie **1 Punkt**. Jeder Fehler ½ **Punkt** Abzug. /8

**4. Setze ein: ä oder e. Denke immer auch an die Verwandten.**

Unsere Klasse f_ä_hrt heute in den Zoo. Die G_ä_nse gefallen Jakub besonders gut. G_e_rn h_ä_lt er ihnen G_ä_nseblümchen zum Fressen hin. Die M_ä_dchen füttern in der Zwischenzeit die Pf_e_rde mit _Ä_pfeln. Für die K_ä_fer aus fr_e_mden L_ä_ndern interessiert sich die Lehrerin. Doch schließlich läuft sie zu den Affen. Ach, hier sitzt ein n_e_ttes _Ä_ffchen im K_ä_fig! Am Ende werden wir gez_ä_hlt. Mein Freund fehlt. Er ist noch l_ä_nger im Tropenhaus geblieben. Err_ä_tst du, wo er sich verst_e_ckt hat?

Gib dir für jede richtig gefüllte Lücke ½ **Punkt**. /9

Von **37 Punkten** habe ich ☐ erreicht! Meine Fehler habe ich verbessert.
So zufrieden bin ich: ☺ 😐 ☹
Ich muss noch Aufgaben üben wie Nummer ☐ 1, ☐ 2, ☐ 3, ☐ 4.

# Wörter mit ie

| Aufgabe: | ⚠ | 1 | 2 | 3 | 4 | 5 | 6 | | | | | | | |
|---|---|---|---|---|---|---|---|---|---|---|---|---|---|---|
| erledigt: | | | | | | | | | | | | | | |
| überarbeitet: | | | | | | | | | | | | | | |

Auf den Seiten 92–95 findest du Zusatzangebote.

**Das muss ich als Rechtschreib-Profi wissen:**

**Was stimmt? Überlege mit einem Partner. Kreuzt an.**

☐ Wird der **i-Laut** lang gesprochen, schreibe ich in der Regel **i**. Ausnahmen sind Biene oder Tier mit **ie**.

☒ Wird der **i-Laut** lang gesprochen, schreibe ich in der Regel **ie**. Ausnahmen sind Tiger mit **i** oder ihre mit **ih**.

**Jetzt wird entdeckt, geforscht, geübt …**

**1. Fülle die Lücken mit ie. Aber Achtung:
Zwei Wörter werden mit i geschrieben!
Streiche sie durch.**

Wichtige Wörter

| | | | |
|---|---|---|---|
| der Br_ie_f | schw_ie_rig | r_ie_chen | das T_ie_r |
| der W_i_tz | z_ie_len | w_ie_der | die W_ie_se |
| v_ie_lleicht | z_ie_hen | das Beisp_ie_l | l_ie_gen |
| d_ie_se | h_ie_r | v_ie_l | v_ie_r |
| t_ie_f | verl_ie_ren | l_ie_ben | n_ie_mals |
| n_ie_ | die K_i_ste | die Zw_ie_bel | sch_ie_ben |

**2. Nimm einen Gummi in die Hand und lies die Wörter in Aufgabe 2.
Sprich dabei ie gedehnt und dehne dazu deinen Gummi.
Dann kannst du dir ie noch besser merken.**






ISBN 978-3-8346-2802-2 | www.verlagruhr.de

## Wörter mit ie

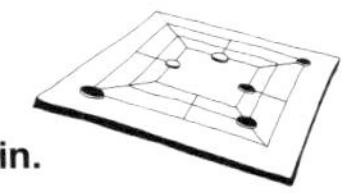

3. ▸ **Arbeite zuerst allein. Finde noch mehr Wörter mit ie.
Du kannst mit dem Wörterbuch arbeiten, dir Wörter überlegen oder Lesetexte durchforsten. Trage sie in dein Feld in der Tabelle ein.**

▸ **Suche dir einen Partner. Kontrolliert euch gegenseitig.
Findet gemeinsam Wörter mit kurz gesprochenem i.
Tragt sie in das Partner-Feld ein.**

▸ **Sucht ein anderes Team. Kontrolliert euch wieder gegenseitig.
Tragt eure Wörter in Silben in das Gruppen-Feld ein.
Verlängert einsilbige Wörter, wenn möglich.**

Beispiele

| Meine eigenen ie-Wörter | i-Wörter mit dem Partner |
|---|---|
| *die Liebe* | *die Insel* |
| *die Diebe* | *der Wind* |
| *sieben* | *die Kinder* |
| *blieben* | *die Wippe* |
| *schieben* | *die Rinne* |
| **getrennte Wörter mit der Gruppe** | |
| *die Lie-be* | *die In-sel* |
| *die Die-be* | *die Win-de* |
| *sie-ben* | *die Kin-der* |
| *blie-ben* | *die Wip-pe* |
| *schie-ben* | *die Rin-ne* |

▸ **Schaut euch die in Silben getrennten Wörter an.
Wo stehen die ie oder i in den Silben? Was fällt auf?**

*Die ie stehen am Silbenende, die i in der Mitte.*

## Wörter mit ie

4. **Im Kasten stehen einige ie- und i-Wörter getrennt. Sprich sie dir vor.
Fülle dann die Lücken mit diesen Wörtern:**
Anfang, Ende, Konsonant, kurz, lang, Mitte, offen, geschlossen, Vokal.
**Achtung: Zwei Wörter bleiben übrig!**

| sie-ben ◆ Wir-kung ◆ flie-gen ◆ Kin-der ◆ Schie-ne ◆ Kir-sche |
|---|

Das ie steht immer am *Ende* der ersten Silbe. Es klingt *lang*.
Die Silbe ist also *offen*.
Das i steht immer in der *Mitte* der ersten Silbe.
Es klingt *kurz*. Nach dem i kommt noch ein *Konsonant*.
Die Silbe ist also *geschlossen*.

5. **Ergänze i oder ie. Verlasse dich auf dein Gehör.
Diskutiere mit einem Partner oder kontrolliere, wenn du dir nicht sicher bist.**

**Vielleicht *i*st das etwas übertr*ie*ben?**

*I*n der Schule haben wir *i*n d*ie*sem Jahr v*ie*l geschr*ie*ben. S*ie*ben Br*ie*fe waren unserer Lehrer*i*n n*i*cht zu v*ie*l. T*ie*re haben wir n*ie* beobachtet. *I*mmer lasen wir nur Texte über s*ie*, zum Beisp*ie*l über d*ie* Z*ie*ge. Auf der W*ie*se sp*ie*lten wir n*ie*. N*ie*mals l*ie*fen wir über d*ie* T*i*sche. Wenn wir t*ie*f schl*ie*fen, war unsere Lehrer*i*n v*ie*r Tage sauer! Wenn *i*ch best*i*mmen könnte, würde *i*ch schreiben, rechnen und Hausaufgaben verb*ie*ten. (74 Wörter)

6. **Arbeite mit dem Text aus Aufgabe 5.
Entscheide dich für eine Aufgabe und male aus, wie du übst.**

| Ich schreibe ihn ab. | Ich lasse ihn mir diktieren. | Ich verlängere jeden Satz um zwei Adjektive. | Ich schreibe selbst eine übertriebene ie-Geschichte. |
|---|---|---|---|

**Meine persönlichen Übungswörter:**

| | | | |
|---|---|---|---|
| | | | |
| | | | |




ISBN 978-3-8346-2802-2 | www.verlagruhr.de

# Wörter mit lang gesprochenem i-Laut

| Aufgabe: | ⚠ | 1 | 2 | 3 | 4 | 5 | 6 | 7 | 8 | | | | | |
|---|---|---|---|---|---|---|---|---|---|---|---|---|---|---|
| erledigt: | | | | | | | | | | | | | | |
| überarbeitet: | | | | | | | | | | | | | | |

Auf den Seiten 92–95 findest du Zusatzangebote.

**Das muss ich als Rechtschreib-Profi wissen:**

**Hier hat sich in jeden Satz ein falsches Wort eingeschlichen. Schreibe alles richtig auf.**

Bei vielen Wörtern wird der i-Laut lang gerochen.
Meist schneide ich dann ie. Es gilt einige Ausnahmen mit i.
Diese Wärter muss ich lernen.

*Bei vielen Wörtern wird der i-Laut lang gesprochen. Meist schreibe ich dann ie.*
*Es gibt einige Ausnahmen mit i. Diese Wörter muss ich lernen.*

**Jetzt wird entdeckt, geforscht, geübt ...**

**1. Klingt der i-Laut lang oder kurz?**
**Du findest acht wichtige Wörter, die nach ie klingen, aber mit i geschrieben werden. Unterstreiche den i-Laut, der lang klingt. Setze einen Punkt unter das i, wenn es kurz klingt.**

bin • dir • bis • der Tiger • bist • das Licht • nicht • wir • das Bild •
die Familie • das Ding • der Finger • lila • frisch • das Gesicht • hin •
die Maschine • der Pinsel • dich • die Kiste • mir • mich • mit • das Kaninchen

**2. Trage in diese Tabelle die wichtigen Wörter aus Aufgabe 1 ein, bei denen das i kurz klingt.**

Wichtige Wörter

| | | | |
|---|---|---|---|
| *bin* | *bis* | *bist* | *das Licht* |
| *nicht* | *das Bild* | *das Ding* | *der Finger* |
| *frisch* | *das Gesicht* | *hin* | *der Pinsel* |
| *dich* | *die Kiste* | *mich* | *mit* |

Wörter mit i

**3. Trage in diese Tabelle die wichtigen Wörter ein, bei denen i lang klingt. Diese Wörter musst du dir gut merken. Kein anderer Trick hilft.**

Wichtige Wörter

| | | | |
|---|---|---|---|
| *dir* | *der Tiger* | *wir* | *die Familie* |
| *lila* | *die Maschine* | *mir* | *das Kaninchen* |

**4. Es gibt viele Wörter mit dem Wortbaustein -ine. Er klingt nach ie, wird aber mit i geschrieben. Schreibe die Wörter richtig daneben. Finde noch mehr.**

| | | |
|---|---|---|
| Mandar- | -ine | *Mandarine* |
| Paul- | | *Pauline* |
| Carol- | | *Caroline* |
| Nektar- | | *Nektarine* |
| Margar- | | *Margarine* |
| Waschmasch- | | *Waschmaschine* |
| Law- | | *Lawine* |

*Blondine*
*Praline*
*Kantine*
*Christine*
*Sabine*
*Beispiele*

**5. Trainiere dein Gehör. Lies den Text mit einem Gummi. Bei welchem i lässt er sich dehnen? Markiere farbig und vergleiche mit einem Partner.**

**Frischer Fisch oder Chips für Ingo?**

Die Giraffe Sabine traf Ingo, das Kaninchen, in der Kantine am Kamin. „Ich esse frischen Fisch, gebraten in Margarine“, sagte Sabine. „Ich bin zu dick. Ich muss ein Kilo abnehmen“, meinte Ingo. Zum Trost gingen beide ins Kino, in den Film „Allein unter Tigern“. Ingo kaufte sich Chips und aß alle allein auf. „Wenn das Kilo weg ist, esse ich mit dir frischen Fisch in der Kantine“, meinte Ingo. Sabine riet: „Iss besser Fisch als Chips. Dann verschwinden die Kilos.“ (86 Wörter)






ISBN 978-3-8346-2802-2 | www.verlagruhr.de

Wörter i

**6. Arbeite mit dem Text aus Aufgabe 5.**
**Entscheide dich für eine Aufgabe und male aus, wie du übst.**

| | | | |
|---|---|---|---|
| Ich schreibe ihn ab. | Ich lasse ihn mir diktieren. | Ich erforsche und schreibe auf, was Tiger, Kaninchen und Giraffen wirklich fressen. | Ich schreibe ein Schleichdiktat. |

**7. Es gibt noch mehr Wörter mit lang gesprochenem i.**
**Mache dich auf die Suche.**
**Die Zeichnungen hier und oben auf der Seite helfen dir.**

*Krokodil, Nilpferd, Giraffe, Igel, Bibel, Biber*

Suche dir nun einen Partner. Kontrolliert gegenseitig eure Wörter mit einem Wörterbuch.

**Kontrolliert** von: ____________

**8. Wörter mit lang gesprochenem i musst du dir merken.**
**Dafür gibt es unterschiedliche Möglichkeiten.**
**Kreuze an, wie du das gut üben kannst.**

- ☐ Ich lese die Wörter oft und stelle sie mir im Kopf vor.
- ☐ Ich schreibe die Wörter mehrmals ab.
- ☐ Ich arbeite mit einer Lernwörter-Kartei.
- ☐ Ich sage mir die Wörter mit ihren schwierigen Stellen vor, zum Beispiel: „lila, nur mit i“.
- ☐ Ich habe einen anderen Trick, nämlich: ____________

**Meine persönlichen Übungswörter:**

| | | | |
|---|---|---|---|
| | | | |
| | | | |

# Wörter mit ie und i

Test

**Wähle einen zu dir passenden Arbeitsauftrag.**
* leicht ** mittel *** schwer

| | | |
|---|---|---|
| **Möglichkeit A** * <br> Ergänze den Lückentext und konzentriere dich auf diese Aufgabe umso mehr. | **Möglichkeit B** ** <br> Ergänze den Lückentext. Schreibe dann den Text richtig ab. | **Möglichkeit C** *** <br> Ergänze den Lückentext. Lasse dir dann den Text von einem Lernpartner diktieren. |

Liebes Tagebuch, welch eine Woche!

Am **Montag** wollte mein F_i_sch _i_ns Z_i_mmer spr_i_ngen. Er wäre beinahe erst_i_ckt.

Am **D_ie_nstag** war _i_ch _i_n einer t_ie_fen K_ie_sgrube.

Am **M_i_ttwoch** kamen _J_ngo und _J_nga. Wir übten für die Schule multipliz_ie_ren, add_ie_ren, subtrah_ie_ren und divid_ie_ren.

Am **Donnerstag** sah ich einen D_ie_b, der L_ie_derbücher gestohlen hatte und damit aus der K_i_rche l_ie_f.

Am **Freitag** schr_ie_b ich s_ie_ben Br_ie_fe an meine Fam_ie_lie.

Am **Samstag** beschm_ie_rte mein Bruder meinen Schreibt_i_sch mit Zw_ie_belsaft. H_i_lfe, wie das r_ie_cht!

Am **Sonntag** bl_ie_b ich lange l_ie_gen. Danach malte ich mit Wasserfarbe und P_i_nsel ein B_i_ld. (95 Wörter)

Möglichkeit A: Jede richtig gefüllte Lücke gibt ½ **Punkt**.
Möglichkeit B/C: Es gibt **18 Punkte**, für jeden Fehler wird **1 Punkt** abgezogen. /17

Ich habe Möglichkeit ☐ gewählt.
Von **17 Punkten** habe ich ☐ erreicht! Meine Fehler habe ich verbessert.
So zufrieden bin ich: ☺ 😐 ☹
Ich muss noch Aufgaben üben wie Möglichkeit ☐ A, ☐ B, ☐ C.




ISBN 978-3-8346-2802-2 | www.verlagruhr.de

# Wörter mit h

| Aufgabe: | ⚠ | 1 | 2 | 3 | 4 | 5 | 6 | 7 | 8 | 9 | 10 | | | |
|---|---|---|---|---|---|---|---|---|---|---|---|---|---|---|
| erledigt: | | | | | | | | | | | | | | |
| überarbeitet: | | | | | | | | | | | | | | |

Auf den Seiten 92–95 findest du Zusatzangebote.

## Das muss ich als Rechtschreib-Profi wissen:

**Diskutiere die Aussagen mit einem Partner oder in der Klasse. Findet Beispiele. Dabei helfen euch die Wörter im Kasten.**

ohne, die Zehen, fahren, fühlen, lahm, gehen, die Schuhe

In manchen Wörtern kann ich **h** hörbar machen, wenn ich in Silben spreche. Die zweite Silbe beginnt dann mit h.
Wörter, die das beweisen: *die Zehen, gehen, die Schuhe*

In manchen Wörtern kann ich **h** nicht hören.
Der Vokal/Umlaut davor klingt lang.
Wörter, die das beweisen: *ohne, fahren, fühlen, lahm*

## Jetzt wird entdeckt, geforscht, geübt ...

**1.** ▸ **In welchen Wörtern kannst du h hörbar machen? Kreise grün ein.** ...... = grün
▸ **In welchen Wörtern hörst du h nicht?**
**Du kannst nur hören, dass der Vokal vor dem h lang ist.**
**Kreise diese Wörter rot ein.** ____ = rot

drehen • erzählen • fahren • der Frühling • gehen • gehören • ihm • zehn •
ihnen • ihr • ihrem • das Jahr • die Kühe • die Schuhe • sehr • stehen •
die Uhr • wahr • zahlen • zählen • der Zahn • die Zähne • ziehen • sehen

**2. In diese Tabelle schreibst du die wichtigen Wörter, bei denen du h hören kannst, also die grün eingekreisten Wörter.**

Wichtige Wörter

| | | | |
|---|---|---|---|
| *drehen* | *gehen* | *gehören* | *die Kühe* |
| *die Schuhe* | *stehen* | *ziehen* | *sehen* |





Wörter mit h

**3. In diese Tabelle schreibst du die wichtigen Wörter, bei denen du h nicht hören kannst, also die rot eingekreisten Wörter.**

Wichtige Wörter

| | | | |
|---|---|---|---|
| *erzählen* | *fahren* | *der Frühling* | *ihm* |
| *zehn* | *ihnen* | *ihr* | *ihrem* |
| *das Jahr* | *sehr* | *die Uhr* | *wahr* |
| *zahlen* | *zählen* | *der Zahn* | *die Zähne* |

**4. Vergleiche und diskutiere deine Ergebnisse aus den Aufgaben 2 und 3 mit zwei anderen Kindern.**

**5.** Manchmal kannst du h nicht direkt hören. Du kannst es aber hörbar machen, indem du das Wort verlängerst und in Silben sprichst.
**Verwandle diese einsilbigen Wörter in zweisilbige und mache h so hörbar.**

| einsilbig | zweisilbig |
|---|---|
| er geht | *ge-hen* |
| sie steht | *ste-hen* |
| ihr seht | *se-hen* |
| es weht | *we-hen* |
| die Naht | *nä-hen* |

| einsilbig | zweisilbig |
|---|---|
| die Kuh | *die Kü-he* |
| der Zeh | *die Ze-hen* |
| der Floh | *die Flö-he* |
| roh | *ro-he* |
| sie mäht | *mä-hen* |

**6. Höre genau hin und ordne die Wörter richtig zu.**

| Wortsalat | Ich kann **h** nicht hören. | Ich kann **h** hören, wenn ich in Silben spreche. |
|---|---|---|
| gehen, der Sohn, fröhlich, das Huhn, nähen, drohen, die Rehe, ziehen, fühlen, erzählen | *der Sohn* | *gehen* |
| | *fröhlich* | *nähen* |
| | *das Huhn* | *drohen* |
| | *fühlen* | *die Rehe* |
| | *erzählen* | *ziehen* |






ISBN 978-3-8346-2802-2 | www.verlagruhr.de

Wörter mit h

**7. In diesem Text sind alle h-Wörter falsch geschrieben und unterstrichen. Färbe die Vokale oder Umlaute, hinter denen h stehen sollte. Wenn du dir unsicher bist, prüfe mit dem Wörterbuch.**

Unsere Klasse macht gerade ein ser spannendes Radfar-Training. Wir faren einen Weg in unserem Ort ab. Einige Eltern steen am Rand und seen zu. Am Ende erzälen sie uns, ob wir alles richtig gemacht haben. Am Anfang habe ich vergessen, zuerst bis zum Farradweg zu geen. Ich fur direkt los. Ein Mädchen hätte fast iren Papa angefaren, weil es gerade auf die Ur geschaut hat. Jemand fur mit offenen Schuen. Zen Kinder mussten noch einmal umdreen, um iren Helm zu holen. Aber wir werden immer besser. Bestimmt besteen wir alle die Radfar-Prüfung nächstes Jar im Früling! (96 Wörter)

**8. Schreibe diesen Text jetzt richtig in dein Heft oder lasse ihn dir diktieren.**
Wenn du möchtest, kannst du zusätzlich einige Dinge aufschreiben, auf die man beim Fahrradfahren besonders achten muss.

**9.** Bei Wörtern mit h behalten meist auch verwandte Wörter das h. Allerdings muss der Vokal vor dem h lang sein.
**Ergänze. Finde eigene verwandte Wörter für die leeren Zeilen.**

| | |
|---|---|
| fahren | die Vorfa*hrt*, die Einf*ahrt*, abfa*hren*, ich verfu*hr* mich |
| zählen | die Z*ahl*, abzä*hlen*, ich habe mich verz*ählt* |
| stehen | der Ste*h*tisch, sie st*eht* auf. Aber: er stand auf – ohne h |
| das Jahr | *das Jahrbuch, jährlich, der Jahrgang, das Halbjahr* |
| sehen | *das Versehen, sich umsehen* |

*Beispiele*

**10. Führe ein Lerngespräch. Die Anleitung dazu findest du auf Seite 95.**

*Ausnahme: ziehen – ich zog*

**Meine persönlichen Übungswörter:**

| | | | |
|---|---|---|---|
| | | | |
| | | | |

# Wörter mit Doppelvokal

| Aufgabe: | ⚠ | 1 | 2 | 3 | 4 | 5 | 6 | 7 | | | | | | |
|---|---|---|---|---|---|---|---|---|---|---|---|---|---|---|
| erledigt: | | | | | | | | | | | | | | |
| überarbeitet: | | | | | | | | | | | | | | |

*Auf den Seiten 92–95 findest du Zusatzangebote.*

**Das muss ich als Rechtschreib-Profi wissen:**

**Prüfe die Regelsätze.**
**Die richtig geschriebenen Wörter im Kasten helfen dir dabei.**
**Finde die zwei Unsinnssätze. Streiche sie mit Lineal durch.**

das Meer
die Beeren
die Zoos
die Waage

- Einen Doppelvokal kann ich nicht direkt hören.
- Ein Doppelvokal wird immer lang gesprochen.
- ~~Nomen in der Mehrzahl können keinen Doppelvokal haben.~~
- Es gibt nur wenige Wörter mit Doppelvokal.
- Ich muss diese Wörter lernen. Es gibt hierfür keine verlässliche Regel.
- ~~Der häufigste Doppelvokal ist das ii.~~

**Jetzt wird entdeckt, geforscht, geübt …**

**1. Entziffere die Geheimschrift. Trage die vier Wörter mit Doppelvokal mit Artikel in die Tabelle ein.**

Haar Meer Schnee See

Wichtige Wörter

| | | | |
|---|---|---|---|
| *das Haar* | *das Meer* | *der Schnee* | *der See* |

**2. Es gibt keine Doppelumlaute, also kein ää, kein öö, kein üü. Trage die richtigen Buchstaben ein.**

| | |
|---|---|
| das B*oo*t | das B*ö*tchen |
| das H*aa*r | das H*ä*rchen |
| das P*aa*r | das P*ä*rchen |

© Verlag an der Ruhr | Autorinnen: Claudia Haertlmayr, Sabine Schubart
ISBN 978-3-8346-2802-2 | www.verlagruhr.de

## Wörter mit Doppelvokal

**3. Gestalte für jedes wichtige Wort einen Steckbrief.**

| gesucht: **das Meer** |
|---|
| Buchstaben: *4* Laute: *3* |
| Wortart: *Nomen* |
| Doppelvokal: *ee* |
| drei verwandte Wörter: *Meerschweinchen, Meerjungfrau, Meeresgrund* |

| gesucht: *das Haar* |
|---|
| Buchstaben: *4* Laute: *3* |
| Wortart: *Nomen* |
| Doppelvokal: *aa* |
| drei verwandte Wörter: *haarig, behaart, Haargummi* |

| gesucht: *der Schnee* |
|---|
| Buchstaben: *6* Laute: *3* |
| Wortart: *Nomen* |
| Doppelvokal: *ee* |
| drei verwandte Wörter: *die Schneeflocke, der Schneemann, schneeweiß* |

| gesucht: *der See* |
|---|
| Buchstaben: *3* Laute: *2* |
| Wortart: *Nomen* |
| Doppelvokal: *ee* |
| drei verwandte Wörter: *Badesee, Seerobbe, Seepferdchen* |

*Beispiele*

**4. Ordne Paar und paar richtig in die Sätze ein.**

- Natürlich will Franz ein *paar* Euro mehr verdienen.
- Du kannst ein *Paar* Bananen mitnehmen.
- Du solltest jedes falsche Wort ein *paar* mal schreiben.
- Ein *paar* sonnige Tage wären schön in den Ferien.
- Ich suche ein *Paar* grüne Handschuhe.
- Schön, dass Martina und Moritz jetzt ein *Paar* sind.
- Ein *paar* Kinder in dieser Klasse arbeiten sehr gut.





## Wörter mit Doppelvokal

**5. Schreibe passende Doppelvokale in die Sterne.**

Vor langer Zeit erschien auf einem B*oo*t im M*ee*r eine F*ee* im Speises*aa*l. „Bitte schenke mir ein p*aa*r von deinen goldenen H*aa*ren!“, bettelte die kleine Aida. Die F*ee* aber gab ihr kein H*aa*r, sondern nur ein P*aa*r Handschuhe. Das fand Aida zuerst d*oo*f. Sie meinte, die Handschuhe wären nur für den Winter im Schn*ee*. Trotzdem bedankte sie sich bei der F*ee*. Als der S*aa*l l*ee*r war, probierte Aida die Schn*ee*handschuhe an. Und da erlebte sie ein Wunder. Wenn sie das P*aa*r Handschuhe trug, wurde sie unsichtbar. Nun freute Aida sich sehr über das Geschenk der F*ee*. (93 Wörter)

Seite 94

**6. Arbeite mit dem Text aus Aufgabe 5.**
**Entscheide dich für eine Aufgabe und male aus, wie du übst.**

| Ich schreibe ihn ab. | Ich schreibe ihn in der Schreibstaffel. | Ich schreibe selbst eine Geschichte mit vielen Wörtern mit Doppelvokal. | Ich schreibe den Text ab und mache ein Dosendiktat daraus. |
|---|---|---|---|

**7. In jeder Spalte, in jeder Zeile und in jedem Viereck darf jedes Wort nur einmal vorkommen. Kannst du das Sudoku-Rätsel lösen? Tipp:** Schreibe mit Bleistift.

| | | | | | |
|---|---|---|---|---|---|
| Boot | leer | Haar | *See* | doof | Meer |
| See | *Meer* | Boot | doof | *Haar* | leer |
| *doof* | Haar | *Meer* | *leer* | *Boot* | See |
| *Meer* | Boot | See | *Haar* | *leer* | *doof* |
| leer | *See* | *doof* | Boot | Meer | Haar |
| *Haar* | doof | leer | Meer | *See* | Boot |

**Meine persönlichen Übungswörter:**

| | | | |
|---|---|---|---|
| | | | |
| | | | |






ISBN 978-3-8346-2802-2 | www.verlagruhr.de

## Test

# Wörter mit h und Doppelvokal

**1. Lies erst die Tabellen mit den wichtigen Wörtern mit h und Doppelvokal auf Seite 70, 71 und 73. Trage dann die passenden Lernwörter auswendig ein.**

| | | | |
|---|---|---|---|
| reimt sich auf „mehr“<br>**s***ehr* | nicht gelogen, sondern …<br>**w***ahr* | Zahl nach neun<br>**z***ehn* | Im Mund hast du …<br>**Z** *ähne* |
| Mit den Augen kann man …<br>**s***ehen* | … fällt im Winter vom Himmel.<br>**S** *chnee* | 365 Tage hat ein …<br>**J***ahr* | mit Geld …<br>**z** *ahlen* |
| Mit dem Auto kann man …<br>**f***ahren* | … geben Milch.<br>**K** *ühe* | salziges Gewässer<br>**M***eer* | … wächst auf dem Kopf.<br>**H***aar* |
| langsam laufen<br>**g***ehen* | zeigt die Zeit<br>**U** *hr* | Jahreszeit<br>**F***rühling* | Eine Geschichte kann man …<br>**er***zählen* |

Gib dir für jedes richtige Wort ½ **Punkt**. /8

**2. Kreuze richtige Aussagen an und schreibe zwei Beispiele in die Zeile. Verbessere falsche Aussagen, indem du die fett gedruckte Stelle veränderst. Schreibe die Aussagen dann richtig in die Zeile.**

☒ **Nach** manchen Vokalen, die lang klingen, steht h.

*das Jahr, zahlen*

☒ Bei **er geht** und **Schuh** kann ich h hörbar machen. *Beispiele*

*ge-hen, die Schu-he*

☐ Das h hinter einem langen Vokal kann ich **immer** hörbar machen.

*Das h hinter einem langen Vokal kann ich manchmal hörbar machen.*

☐ Kissen ist ein Wort mit **Doppelvokal**.

*Kissen ist ein Wort mit Doppelkonsonant.*

Für jede richtige Entscheidung **1 Punkt**, für Beispiele/Berichtigung **1 Punkt**. /8



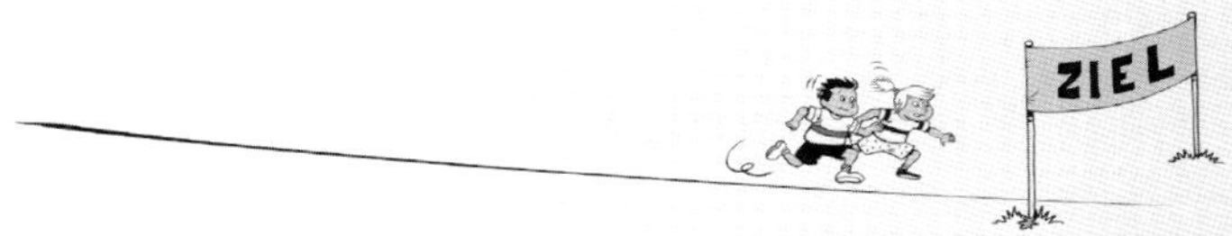


## Test

# Wörter mit h und Doppelvokal

**3. Finde verwandte Wörter.**

*Beispiele*

- das Jahr: *das Halbjahr*, *jährlich*, *das Jahrbuch*
- zahlen: *die Zahlung*, *bezahlen*, *einzahlen*
- fahren: *verfahren*, *die Fahrt*, *umfahren*
- der Schnee: *schneeweiß*, *die Schneeflocke*, *der Schneemann*
- das Haar: *haarig*, *Haarausfall*, *Haargummi*
- das Meer: *Meerjungfrau*, *Meerschweinchen*, *Meeresgrund*

Gib dir für jedes richtige Wort ½ **Punkt**. /9

**4. Setze** Paar **oder** paar **ein.**

- Gib mir bitte ein *paar* Nüsse.
- Ich glaube, in meiner Klasse sind ein *paar* sportliche Kinder.
- Ich brauche ein neues *Paar* Winterschuhe.
- Kannst du mir ein *paar* Rezepte schicken?
- Das *Paar* betritt die Tanzfläche.
- Weißt du, wie viele *Paar* Handschuhe du schon verloren hast?

Gib dir für jedes richtige Wort **1 Punkt**. /6

Von **31 Punkten** habe ich ☐ erreicht! Meine Fehler habe ich verbessert.
So zufrieden bin ich: ☺ 😐 ☹
Ich muss noch Aufgaben üben wie Nummer ☐1, ☐2, ☐3, ☐4.




ISBN 978-3-8346-2802-2 | www.verlagruhr.de

# Wörter mit ß oder ss

| Aufgabe: | ! | 1 | 2 | 3 | 4 | 5 | 6 | 7 | 8 | 9 | 10 | | | |
|---|---|---|---|---|---|---|---|---|---|---|---|---|---|---|
| erledigt: | | | | | | | | | | | | | | |
| überarbeitet: | | | | | | | | | | | | | | |

*Auf den Seiten 92–95 findest du Zusatzangebote.*

## Das muss ich als Rechtschreib-Profi wissen:

**Lies die Regelsätze. Bei den Beispielwörtern hat sich immer ein falsches Wort eingeschlichen. Streiche es durch.**

- Vor **ss** klingt der Vokal oder Umlaut kurz.
  Beispiel: der Kuss, müssen, ~~der Gruss~~, die Tasse
- Vor **ß** klingt der Vokal, Umlaut oder Zwielaut lang.
  Beispiel: die Straße, ~~die Klaße~~, gefräßig, fleißig

## Jetzt wird entdeckt, geforscht, geübt ...

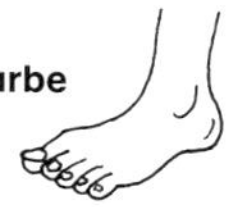

**1.**
- **Forsche mit dem Wörterbuch. Finde Wörter mit ß. Arbeite zuerst alleine. Trage sie mit Bleistift in die Tabelle ein.**
- **Suche dir einen Partner. Schreibt gemeinsame Wörter mit blauer Farbe in eure Tabellen.**
- **Sucht ein anderes Team. Kontrolliert euch gegenseitig. Haben die anderen noch weitere ß-Wörter? Tragt neue Wörter mit grüner Farbe in eure Tabellen ein.**

| | |
|---|---|
| a | die Straße, saßen, aßen, der Fraß |
| ie | gießen, hießen, schießen, ließen |
| o | groß, der Kloß, das Floß, der Schoß |
| u | der Gruß, der Fuß, der Fußball, die Buße |
| ä | gefräßig, mäßig |
| ü | die Grüße, die Füße, grüßen, büßen |
| au | außen, außer, draußen |
| ei | heißen, fleißig, beißen |

Beispiele

**2. Setze hier ss oder ß ein. Höre dazu genau auf den Vokal, Umlaut oder Zwielaut. Das Wörterbuch, ein Lernpartner oder eine Lerngruppe helfen:**

drau_ß_en ◆ gro_ß_ ◆ mü_ss_en ◆ au_ß_en ◆ die Stra_ß_e ◆ la_ss_en ◆
das Wa_ss_er ◆ be_ss_er ◆ e_ss_en ◆ wir a_ß_en ◆ au_ß_er ◆ der Fu_ß_ ◆
hei_ß_en ◆ wir sa_ß_en ◆ sie hie_ß_en ◆ ich habe gese_ss_en ◆
wir lie_ß_en ◆ sie verga_ß_en ◆ verge_ss_en ◆ der Se_ss_el

**3. Trage die Wörter mit ß in die Tabelle ein und kennzeichne den Laut davor farbig.**

Wichtige Wörter

| | | | |
|---|---|---|---|
| draußen | groß | außen | die Straße |
| wir aßen | außer | der Fuß | heißen |
| wir saßen | sie hießen | wir ließen | sie vergaßen |

**4. In Aufgabe 2 findest du verschiedene Verben, die einmal mit ss und ein anderes Mal mit ß geschrieben werden. Trage die Paare hier ein.**

| Verb mit ss | gleiches Verb mit ß |
|---|---|
| essen | wir aßen |
| vergessen | sie vergaßen |
| lassen | sie ließen |
| ich habe gesessen/der Sessel | wir saßen |

**5. Suche dir einen Partner. Versucht, weitere Wörter zu finden, bei denen es Verwandte mit ss und mit ß gibt.**
**Tipp:** Vielleicht helfen euch die Wörter aus Aufgabe 1.

beißen - bissig, reißen - der Riss, verschleißen - verschlissen, Beispiele
schließen - der Schluss, gießen - der Regenguss

**6. Sucht ein anderes Team. Überlegt mündlich, warum es bei manchen Wörtern Verwandte mit ss und mit ß gibt. Achtet auf die Vokale vor ss oder ß.**






ISBN 978-3-8346-2802-2 | www.verlagruhr.de

Wörter mit ß oder ss

7. **Hier sind s und ß verschwunden. Setze richtig ein.**
**Denke daran: ß kann nur nach langen Vokalen stehen.**
**Es sind zehn Wörter mit ß und sieben Wörter mit ss.**
**Kontrolliere.**

Gestern spielte ich drau_ß_en. Wir waren viele Kinder und bauten flei_ß_ig an einem gro_ß_en Flo_ß_. Uns tropfte der Schwei_ß_ von der Stirn und unsere Hände waren schwarz wie Ru_ß_.
„Gleich gibt es E_ss_en!“, rief meine Schwester. Mein Bruder meinte: „Ja, es ist be_ss_er, wir gehen jetzt nach Hause.“ Obwohl ich noch das Flo_ß_ ins Wa_ss_er la_ss_en wollte, lief ich über die Stra_ß_e nach Hause. Es gab Klö_ß_e. Davon a_ß_ ich vier.
Denn ein Pirat mu_ss_ eine Ma_ss_e e_ss_en. (78 Wörter)

8. **Arbeite mit dem Text aus Aufgabe 7.**
**Entscheide dich für eine Aufgabe und male aus, wie du übst.**

| | | | |
|---|---|---|---|
| Ich schreibe ihn ab. | Ich schreibe ihn ab und verändere in jedem Satz ein Wort. | Ich verlängere jeden Satz um zwei Wörter. | Ich stelle in jedem Satz die Wörter um. |

9. **Wörter mit ss und ß sind nicht einfach. Es gibt verschiedene Möglichkeiten, sie zu lernen. Kreuze an, wie du sie dir gut merken kannst.**

- ☐ Ich schreibe die Wörter mehrmals ab, zum Beispiel in einer Lernwörter-Kartei.
- ☐ Ich sage mir die Wörter mit ihren schwierigen Stellen vor, zum Beispiel: „Straße, mit St und ß“.
- ☐ Ich spreche das Wort in Silben, zum Beispiel: „las-sen“, „wir lie-ßen“. Den Doppelkonsonant höre ich in beiden Silben, das ß nur in der zweiten Silbe.
- ☐ Ich höre besonders auf den Vokal in der betonten Silbe. Wenn er lang ist, schreibe ich ß, wenn er kurz ist, ss.
- ☐ Ich weiß eine andere Möglichkeit, nämlich: ______

10. **Führe ein Lerngespräch. Die Anleitung dazu findest du auf Seite 95.**

**Meine persönlichen Übungswörter:**

| | | | |
|---|---|---|---|
| | | | |
| | | | |

Test

# Wörter mit s-Lauten

1. **Ergänze ß oder ss. Achte darauf, ob der Vokal, Umlaut oder Zwielaut lang oder kurz gesprochen wird.**

| | | | | |
|---|---|---|---|---|
| schie_ß_en | au_ß_er | das Ki_ss_en | flei_ß_ig | fa_ss_en |
| scheu_ß_lich | la_ss_en | drau_ß_en | wi_ss_en | au_ß_en |
| e_ss_en | die Stra_ß_e | be_ss_er | gro_ß_ | au_ß_erdem |
| die Schü_ss_el | me_ss_en | der Schwei_ß_ | der Spie_ß_ | die Fü_ß_e |
| die Ta_ss_e | der Ru_ß_ | wir lie_ß_en | der Se_ss_el | der Gru_ß_ |
| die Kla_ss_e | die Ka_ss_e | das Me_ss_er | der Ha_ss_ | hei_ß_en |
| das Fa_ss_ | gie_ß_en | ich verga_ß_ | der Fu_ß_ | das Flo_ß_ |
| die Grü_ß_e | verge_ss_en | rei_ß_en | er a_ß_ | mü_ss_en |

Insgesamt gibt es **10 Punkte**, jeder Fehler ½ **Punkt** Abzug. /10

2. **Kreuze an, was richtig ist, und finde zwei Beispiele.**
**Berichtige falsche Aussagen, indem du die fett gedruckte Stelle veränderst.**
**Schreibe die Aussagen dann richtig in die Zeile.**

- ☒ Nach einem **kurzen** Vokal steht ss.
  *die Tasse, wissen*
- ☐ Ein ss steht **auch** nach einem langen Vokal, Umlaut oder Zwielaut.
  *Ein ss steht nicht nach einem langen Vokal, Umlaut oder Zwielaut.*
- ☐ Ein **ss** steht auch nach au, äu, eu und ei.
  *Ein ß steht auch nach au, äu, eu und ei.*
- ☒ Ein ß steht nach einem **langen** Vokal, Umlaut oder Zwielaut.
  *die Grüße, gießen*

Beispiele

Für jede richtige Entscheidung **1 Punkt**, für Beispiel/Berichtigung **1 Punkt**. /8




ISBN 978-3-8346-2802-2 | www.verlagruhr.de

**Test**

## Wörter mit s-Lauten

**3. Bilde zusammengesetzte Nomen.**
**Jedes Wort darfst du einmal benutzen.**
**Verbinde, was zusammengehört, und schreibe dann auf.**
**Achte auf die Wortnaht.**

| vorn | hinten | zusammengesetzt |
|---|---|---|
| der Fuß | die Aufgabe | *der Fußball* |
| spielen | die Eltern | *die Spielstraße* |
| die Blume | die Straße | *der Blumenstrauß* |
| groß | der Ball | *die Großeltern* |
| das Maß | das Band | *das Maßband* |
| der Fleiß | der Strauß | *die Fleißaufgabe* |

Gib dir für jedes richtige Wort **1 Punkt**. /6

**4. In einer Wortfamilie können Wörter mit ss und ß vorkommen.**
**Ergänze die Tabelle richtig.**
**Achte darauf, wie der Vokal klingt.**

| Grundform | Gegenwart | 1. Vergangenheit | 2. Vergangenheit |
|---|---|---|---|
| *beißen* | *es beißt* | *es biss* | *es hat gebissen* |
| *wissen* | *er weiß* | *er wusste* | *er hat gewusst* |
| *vergessen* | *sie vergisst* | *sie vergaß* | *sie hat vergessen* |
| *lassen* | *er lässt* | *er ließ* | *er hat gelassen* |

Gib dir für jedes richtige Feld ½ **Punkt**. /6

Von **30 Punkten** habe ich ☐ erreicht! Meine Fehler habe ich verbessert.
So zufrieden bin ich: ☺ 😐 ☹
Ich muss noch Aufgaben üben wie Nummer ☐1, ☐2, ☐3, ☐4.



Endspurt!

## Die letzten wichtigen Wörter des Jahres

| Aufgabe: | ! | 1 | 2 | 3 | 4 | | | | | | | | |
|---|---|---|---|---|---|---|---|---|---|---|---|---|---|
| erledigt: | | | | | | | | | | | | | |
| überarbeitet: | | | | | | | | | | | | | |

*Auf den Seiten 92–95 findest du Zusatzangebote.*

Jetzt wird ein letztes Mal entdeckt, geforscht, geübt ...

**1. Die letzten wichtigen Nomen für dieses Jahr. Fülle die Tabelle.**
**Ergänze eigene wichtige Nomen.**

| **Wichtige Nomen** Ergänze den Artikel. | **Bilde die Mehrzahl.** | **Schwierige Stellen?** Schreibe das Wort und markiere. | **Anderes Wort der Wortfamilie?** |
|---|---|---|---|
| *der* Bäcker | *Bäcker* | *Bäcker* | *backen* |
| *der* Berg | *Berge* | *Berg* | *bergig* |
| *der* Boden | *Böden* | | *bodenlos* |
| *der* Christ | *Christen* | *Christ* | *christlich* |
| *das* Dorf | *Dörfer* | | *dörflich* |
| *die* Eltern | *die Eltern* ist schon Mehrzahl | | *Elternhaus* |
| *die* Geschichte | *Geschichten* | | *geschichtlich* |
| *der* Hals | *Hälse* | *Hals* | *Halsweh* |
| *das* Handy | *Handys* | *Handy* | *Handytasche* |
| *das* Loch | *Löcher* | | *löchrig* |
| *der* Mensch | *Menschen* | *Mensch* | *menschlich* |
| *die* Milch | Es gibt keine Mehrzahl. | | *milchig* |
| *die* Pizza | *Pizzas/Pizzen* | *Pizza* | *Pizzaschachtel* |
| *die* Skizze | *Skizzen* | *Skizze* | *Skizzenbuch* |
| *die* Stadt | *Städte* | *Stadt* | *städtisch* |
| *der* Stein | *Steine* | | *steinig* |






ISBN 978-3-8346-2802-2 | www.verlagruhr.de

## Die letzten wichtigen Wörter des Jahres

| **Wichtige Nomen** Ergänze den Artikel. | **Bilde die Mehrzahl.** | **Schwierige Stellen?** Schreibe das Wort und markiere. | **Anderes Wort der Wortfamilie?** |
|---|---|---|---|
| die Tasche | Taschen | | Taschenbuch |
| der Wagen | Wagen | | Wagenrad |
| die Wurst | Würste | | Fleischwurst |
| der Zeh | Zehen | Zeh | Zehennagel |
| die Zeitung | Zeitungen | | Zeitungskiosk |
| | | | |
| | | | |
| | | | |

**2. Die letzten wichtigen Verben für dieses Jahr. Fülle die Tabelle. Ergänze eigene wichtige Verben.**

| **Verb in der Grundform** | **Finde die er-Form.** | **1. Vergangenheit, wir-Form** | **Finde eine Vorsilbe, wenn möglich.** |
|---|---|---|---|
| bleiben | er bleibt | wir blieben | ausbleiben |
| halten | er hält | wir hielten | behalten |
| helfen | er hilft | wir halfen | aushelfen |
| lachen | er lacht | wir lachten | auslachen |
| laufen | er läuft | wir liefen | verlaufen |
| liegen | er liegt | wir lagen | rumliegen |
| sprechen | er spricht | wir sprachen | versprechen |
| springen | er springt | wir sprangen | abspringen |
| steigen | er steigt | wir stiegen | umsteigen |
| tragen | er trägt | wir trugen | vertragen |
| | | | |
| | | | |
| | | | |

## Die letzten wichtigen Wörter des Jahres

**3. Bei diesen Wörtern sind schwierige Stellen markiert. Mit welchem Rechtschreib-Tipp kannst du die schwierigen Stellen richtig schreiben? Trage es ein. Es gibt oft unterschiedliche Möglichkeiten. Nenne auch ein Beispiel.**

Rechtschreib-Tipps: auf den Vokal hören – verlängern – Verwandte suchen – Silben sprechen – nachschlagen

| **Wort** | **Rechtschreib-Tipp** | **Beispiel** |
|---|---|---|
| die Biene | Silben sprechen | die Bie-ne |
| das Boot | nachschlagen | Wörterbuch, S. 80 |
| das Brot | verlängern | die Brote |
| der Gruß | auf den Vokal hören | u lang, also ß |
| hämmern | Verwandte suchen | der Hammer |
| die Sahne | nachschlagen | Wörterbuch, Seite 200 |
| der Spuk | Verwandte suchen | spuken |
| der Teller | Silben sprechen | der Tel-ler |
| täglich | Verwandte suchen | der Tag |

**4. Finde hier selbst Fehler. Streiche falsche Wörter durch und schreibe sie richtig auf die Zeilen.**

| | |
|---|---|
| ~~meine~~ Tante Luisa ~~brinkt~~ mir immer | Meine – bringt |
| Geschenke, wenn ~~si~~ ~~komt~~. Zum | sie – kommt |
| ~~Geburtstak~~ habe ich dieses Jahr | Geburtstag |
| ~~Gelt~~ von ~~ier~~ bekommen. Über ein | Geld – ihr |
| ~~Geschenck~~ hätte ich mich aber | Geschenk |
| ~~meer~~ gefreut. | mehr |




ISBN 978-3-8346-2802-2 | www.verlagruhr.de

Verlag an der Ruhr

Postfach 10 22 51
45422 Mülheim an der Ruhr

Telefon 030/89 785 235
Fax 030/89 785 578

bestellungen@cornelsen-schulverlage.de
www.verlagruhr.de

■ **50 Grammatik-Spiele für die Grundschule**
Spielanleitungen und Kopiervorlagen
Kl. 2-4, 64 S., A4, Hefter mit Kopiervorlagen
ISBN 978-3-8346-2313-3

■ **80 schnelle Spiele für die DaZ- und Sprachförderung**
Für Plenum, Kleingruppen und Freiarbeit
Kl. 1-2, 136 S., 17 x 24 cm, Paperback, mit PDFs und bearbeitbaren Word-Dateien auf CD
ISBN 978-3-8346-2310-2

Merk-Poster
■ **Rechtschreibung – Grundlagen**
Kl. 1-3, A3, 12 farbige Poster
ISBN 978-3-8346-2253-2
**Ebenfalls erhältlich:**
**Rechtschreibung – Aufbauwissen**

■ **Zum Schreiben verführen**
Über 100 Schreibanlässe für eigene Klapp-, Falt- und Pop-up-Bücher
Kl. 2-4, 91 S., A4, Paperback
ISBN 978-3-8346-0482-8

■ **80 Bild-Impulse als Erzähl- und Schreibanlässe**
Kl. 1-4, A5 quer, 80 farbige Bildkarten mit 24-seitigem Begleitheft
ISBN 978-3-8346-0946-5

■ **Deutsch kann man anfassen!**
40 Spiele und handlungsorientierte Unterrichtsmaterialien – schnell selbst gemacht
Kl. 1-4, 135 S., 16 x 23 cm, Paperback
ISBN 978-3-8346-0942-7

■ **Deutsch mit dem ganzen Körper**
60 Bewegungsspiele für alle Bereiche des Deutschunterrichts
Kl. 1-4, 98 S., 16 x 23 cm, Paperback
ISBN 978-3-8346-0481-1

■ **Max erforscht Feiertage rund um das Jahr**
Vorlesegeschichten mit Zuhörfragen
Kl. 1-4, 120 S., 16 x 23 cm, Paperback
ISBN 978-3-8346-0941-0

# Vielseitigkeit im Deutschunterricht